U0948372

从服务员开始，开挂人生

サービスマンという病い

〔日〕萩原清澄 著
曹逸冰 译

南海出版公司

目 录
Contents

第四章　万里挑一的精英都在实践的待客之道

前言

这本书详细记录了一个以“服务好顾客”为己任，无时无刻不在思考“如何读懂人心、抓住人心”的人平时都想了些什么，又做了些什么。

我觉得，我对“服务”的执着，以及我对“服务”这件事的看法，已然超越了普通服务人员的常识，几近病态。

不过正因为我得了“服务员病”，我才能见到每一个“想见”的人，才能与政治经济界要人、文体明星们保持长久的友谊。

会得这种“病”的人，不仅限于服务行业的从业者。有心钻研，愿意不断提升自己的专业人士都无法幸免。而且我认为，“病友”之间定能产生共鸣，惺惺相惜。

因此，在你为成为某方面的专家不懈努力的时候，我在这本书里介绍的经验与诀窍一定能派上用场。

先向大家简单介绍一下我自己和我的工作单位吧。

我叫萩原清澄，是 Wakiya 株式会社的总经理。经营中餐厅是我们集团的主要业务。

Wakiya 的创始人是胁屋友词。也许有读者还记得，他曾在富士电视台的热门综艺节目《料理铁人》[①]中击败过当时的“铁厨”。

此外，他也经常在 NHK 的《今日料理》节目露面，深受大众的喜爱。目前已在赤坂与横滨开设了四家餐厅。

听说我是这样一个集团的“总经理”，大家可能会把我想象成一个四五十岁的小老头吧？不好意思，其实我是一九八〇年出生的。二〇〇二年从法政大学毕业之后，就立刻入职了 Wakiya。实不相瞒，胁屋友词是我的舅舅。还在上学的时候，我就特别崇拜他，这也成了我进入这家公司的契机。

---

①日本 1993 年 10 月 10 日至 1999 年 9 月 24 日期间播出的竞技类烹饪节目。1997 年，胁屋以挑战者的身份出演，击败了“铁厨”陈建一，一战成名。

入职后，我在公司旗下的各家餐厅当过服务员，积累了一定的经验。二〇〇八年，我以经理的身份参与了Wakiya迎宾茶楼的启动工作。二〇一二年，年仅三十二岁的我就当上了集团的总经理。

听到这儿，八成有读者会想："你是'皇亲国戚'，日子肯定好混得很。"但事实并非如此。胁屋对我永远是高标准、严要求。而且"服务员"虽然是我主动选择的职业，可是刚入职那段时间，我对自己的身份还是相当自卑的。

为什么呢？因为在大众眼里，正经的服务员跟陪酒女或餐厅的临时工半斤八两。刚入行时，我也的确受了很多委屈，吃了很多苦。

但我没有消沉，而是在服务顾客的同时绞尽脑汁，没日没夜地思考"怎样才能永远摆脱这样的痛苦"。经过不懈努力，现在终于能抬头挺胸地说出"我是一个服务员"了。

而且我敢说，我应该是"全日本人脉最丰富的服务员"。

希望本书能对各位读者的工作和生活有所助益。

Wakiya总经理　萩原清澄

第一章

没有疼痛，就没有进步

不吃苦头就不长记性

在前言中说道，大学毕业后，我就进了舅舅胁屋友词的中餐厅 Wakiya，成了一名服务员。

大多数服务员应该都是高中一毕业就入行的吧。虽说我大学毕业，但也得从新人熬起，所以我当时的工资跟他们是一样的。

Wakiya 目前已经成了业界工资水平最高的公司，可是我刚入行时，餐厅刚开没多久，所以我的大学同学们的起薪都要比我高出十多万日元[①]。而我的工作时间，几乎是他们的两倍还多。

我偶尔也会利用休息日跟朋友们聚一聚，无奈囊中羞涩，都不敢邀请朋友们来家里做客，怕被大家笑话。

---

① 1 万日元折合人民币六百元。

“真不想干了。”——这个念头每天都在脑子里打转。

其实我在毕业季拿到了好几家企业的拟录用通知，完全可以走工薪族这条路。但胁屋当时是名震天下的一流大厨，我也非常崇拜他，所以选择了去他的手下工作。

然而，严酷的现实让我打起了退堂鼓。我甚至想：“改行当个工薪族是不是更有盼头呢？”

现在想来，恐怕当时的我还没有下定决心，没有做好“在这个世界活下去”的思想准备。

二十五六岁的时候，我迎来了人生一大转机。某天，幻冬舍的见城彻社长[①]光临 Wakiya，负责接待他的人就是我。我还记得，那天他满意而归。

第二天，见城先生打电话来店里问：“我下次还想坐那个包间，能约上吗？”可接电话的工作人员态度不好，气得他撂下一句：“算了！”就挂了电话，最后也没有订位。

听说这件事后，我立刻去找胁屋商量。那会儿我还不是“管事的”，接电话的人也不是我，但那毕竟是我接待过的客人，所以想帮忙解决问题。

“还是上门道个歉比较好。”

①传奇编辑，曾出版自传《编辑这种病》。

征得胁屋的同意之后，我跟着经理去了一趟幻冬舍。

经理道歉了无数遍，还是没能消除见城先生的怒气。

“你们在那通电话里的态度，让我觉得你们是嫌客人太多，不希望我去。”

“请回吧。我不会再去你们店里了。”

关键在于，见城先生原本是想当回头客的，否则不会特意打电话过来，可我们的工作人员却辜负了他的期望。

就算预约不到想要的包间，只要接电话的工作人员有诚意，比如：

“我也不确定能不能定到，但还是感谢您特意来电！”

“我们会为您准备最好的包间和菜肴，静候您的到来！”

见城先生肯定不会气成这样。他之所以生气，是因为我们的工作人员“没有竭诚为顾客服务的热忱”。

接待见城先生的时候，我就感觉到他是一个非常热爱工作的人。他会因为这种态度生气也是理所当然的。

后来，见城先生发现经理身后还跟着个“小年轻”，便问我：

“你是来干什么的？”

我鼓起勇气回答：“上次就是我负责接待您的……听说这件事后，我实在坐不住，就跟着一起来了。您可能会觉得我不知天高地厚吧……”

听到这儿，见城先生看了我一眼，说道：“你的眼神不错。一年三百六十五天，我每天都要跟几十个人说话。一个人有没有激情，会不会为他人着想，一看眼神我就知道了。”

见城先生的激情彻底震撼了我。

他每天都要和各路贵宾见面聚餐，忙得不可开交。这样的大人物，完全可以不接待“跑来道歉的餐厅员工”。我出发前也做好了“见不到人”的思想准备。

谁知他还是抽空到社长办公室，把自己的想法亲口告诉了我们。

当天晚上，我给他写了一封信。

虽然句句发自肺腑，但人家毕竟是著名的编辑，我的文笔显然入不了他的法眼。我也没指望他会看。

没想到我把信快递出去的第二天，见城先生就直接一个电话打到了我的手机上。那天我刚好不当班，多亏接电话的同事够机灵，把我的手机号码给了他。

“我是见城。”

“天啊……我真没想到您会亲自打电话给我。”

我惊愕不已。

见城先生却说：

“我就是这种人。你的信我看过了。我好久没有这样热泪盈眶了。”

我脑海中一片空白，只能拼命讲述自己想把 Wakiya 做好的决心。见城先生默默听了许久，最后说道：

“好，你好好干。”

然后就挂了电话。

几天后，Wakiya 接到了幻冬舍《歌德月刊》的电话。这本杂志有一个评选优秀餐厅的专栏，名叫“歌德主义”。评委是业界知名的三位美食家：见城先生、小山薰堂先生[1]和秋元康先生[2]。编辑部表示，他们有意把中餐部门的大奖颁给 Wakiya “一笑美茶楼”。

---

①著名编剧，“熊本熊”的设计者。

②著名作词家，“AKB48”的策划者。

当时 Wakiya“一笑美茶楼”还处于积累人气的阶段。拿到“歌德主义”大奖之后，餐厅的生意开始蒸蒸日上。

我始终认为，Wakiya 能有今天，全靠见城先生在那时对我们的大力支持。

通过此事，我深刻意识到：“只要至真至诚，拿出激情来，就一定能打动对方。”

在那之前，我从没有如此努力争取过一位客人，也从没有如此想方设法去打动客人的心。甚至没有做好相应的思想准备。

这件事成了我患上“服务员病”的契机，也改写了我的人生轨迹。

有些风光，只有在谷底才能看到

我这辈子拿出一片热忱，认认真真写的信，一共也没有几封。

其中有两封是写给胁屋的，一封是写给见城先生的。另一封的收信人，是音乐界的著名企业家A女士。

事情要从我刚过三十岁时说起。

某天，A女士受邀来我们餐厅赴宴。我还记得自己七年前接待过她，便上前说道："晚上好，A女士。"

"哎呀，你是怎么认出我的啊？"

我回答道："实不相瞒，您七年前来本店时就是我负责接待的，所以我特别期待今晚能见到您呢。"

听后，A女士便感叹：

"你可真厉害呀。"

落座之后，她还对在场的其他宾客说："这位服务员很厉害，这么多年过去了，他还记得我呢！"

从那时起，A 女士开始频频光临我们餐厅。可能就是我当时的那句话给她留下了深刻的印象吧。

从她在餐桌上的言行举止中，我觉得她是个非常注重他人感受的人。于是逐渐产生了这样一个念头："我想多了解她一些。"

结识见城先生之后，我的钻研意识明显变强了。只要是我欣赏的客人，我就想要深入了解他们的内心世界。

如果这位客人经常在 Wakiya 设饭局，那我就一定会去了解一下此人的公司有着怎样的历史沿革，致力于发展哪方面的业务。除了这些最基本的信息，甚至还会利用假期，探访那家公司的总部。这也是为了更好地揣摩客人的心思，提升自己的服务质量。

A 女士最重视的莫过于旗下艺人的"粉丝"。要了解她为"粉丝"们打造出了怎样的娱乐世界，很有必要亲身体验一下。于是我加入了事务所旗下某个组合的"粉丝"俱乐部，去听了一场演唱会。

演唱会的精彩程度超乎想象。

完美的表演和激动得泪流满面的“粉丝”们让我大受感动。难怪她麾下的艺人都有这么多忠实“粉丝”！这场演唱会也大大激发出了我的干劲。我想：“不能再浪费时间了！要好好提升自己的职业精神才行！”

几天后，我刚巧在店里遇见了A女士。她临走时，我随口说道：

“A女士，我前两天刚去过您家艺人的演唱会，真是收获良多啊。”

我本以为她听到这话一定会很高兴，谁知……

“你傻不傻啊？有时间看演唱会，不如专心干好自己的工作。”

她撂下这句话，狠狠关上车门，扬长而去。

从那以后，A女士有好一阵子没有再来过。

我备感失落，苦苦思索A女士为什么不来了。看到她家的艺人上电视，我都不敢直视。

就在这时，我非常尊敬的朋友们纷纷为我出谋划策。

“A女士这个级别的人肯定听惯了‘我去看了您家艺人的演唱会’。说这话的人里，有不少人是有自己的小算盘的。所以 A 女士不确定你是想拍马屁，还是真的想了解她。千万不能放弃啊！”

我接受了朋友的建议，下定决心，给 A 女士写了一封饱含真情的信。

我在信里明确表示：

我没有要讨好她的想法。

通过那场演唱会，我真真切切地感受到了她对“粉丝”和事业的激情，以及重视他人的能量。这些宝贵的特质真的打动了我。

但我那天的确不该提起我去过演唱会，那样太轻率，也太不知趣了，我已经在深刻反省了。

第二天，我来到 A 女士的事务所，将这封信交给了警卫。

整整一个月过去了，我没有收到任何回音。

谁知在一个我不当班的晚上，同事突然联系我说：

“A 女士来了，还说她想见你呢！”

我急忙赶过去。一见到我，A 女士就说：

“哎呀，你特意过来了啊？谢谢你哦。”

然后她就继续用餐了，仿佛什么事都没有发生过。

就好像我这段时间的烦恼都是一场梦似的。

在我送她上车时，她在我耳边一字一句地说道：

“我看了你的信。我很看好你，好好干吧！”

A 女士就这样成了 Wakiya 的老主顾。她自己来店里用餐不说，还经常让我们负责宴会的餐食，对 Wakiya 的关照更胜从前。

每次接到来自 A 女士的委托，我都会想起那天她在我耳边说的“我很看好你”。

世上的餐厅多如繁星，而我只是在其中一家工作的一个普普通通的服务员。

即便如此，还是有许多大人物对我和 Wakiya 分外关照。这可能是因为,我的工作信条就是“至真至诚”和“永不言弃”。

邂逅好莱坞巨星

结识好莱坞电影巨星 B 先生之后，我更是深刻认识到了“抓住人心”的重要性。

某天，B 先生带着太太和孩子一起来 Wakiya 用餐。我早就听说他对菜品和服务十分挑剔，但是没想到他对日本酒的温度和擦手毛巾的湿度都有明确的要求。那天我几乎是全程在听他讲述自己林林总总的偏好。

其实那天正好是 B 太太的生日。于是我们在上甜点的环节别出心裁，提前在端给 B 太太的盆子上放了一个八音盒，再用金属罩子扣住。通向隔壁包间的房门在服务员摘下罩子的同时开启，守在那里的员工为 B 太太唱了一曲生日歌。我们希望能给客人带去感动，策划了这个小惊喜，没想到B太太流下了激动的泪水，惊呼道："太棒了（Amazing）！"

半年后，我才意识到她是真的被我们感动了——竟然从好莱坞打国际长途过来，说道："我们打算再去一次Wakiya，你们能不能和我一起给B先生一个生日惊喜？这次轮到我给他庆祝啦。"

后来，B夫妇真的坐私家飞机来到了日本，再度光临Wakiya。我觉得B先生可能隐约猜到了他太太是想给他一个惊喜，不过看到大家的一番心意，两人都高兴极了。

这个故事还有下文呢。

若干年后，Wakiya在纽约开了一家分店。我过去帮了一个多星期的忙。但我起初并没有受到当地员工的欢迎。

"派这个日本人来干嘛？"

"你去扫厕所好了。"

曼哈顿的餐厅云集了全世界最顶尖的服务员，竞争极为激烈。我会受到这样的歧视，从某种角度看也是理所当然。

转折点出现在开业典礼当天，B先生到场之后。

那天，店门口铺了红地毯，四百多名记者严阵以待。身着华美晚礼服与西装的贵宾接连现身。

B 先生一出现，就引爆了一波分外响亮的快门声。见状，我不由得感叹：“他果然是贵宾中的贵宾啊，关注度就是不一样……”就在这时，B 先生认出了人群中的我，走过来给了我一个拥抱，说道：“清澄！你也来了啊！”不仅如此，他还让我跟他“一起走”。回过神来才发现，我已然踩在红毯上了。

看到这一幕，当地员工都惊呆了：“原来你是 B 的朋友啊？”从那以后，大家终于接纳了我。胁屋想让我多积累一些经验，把我派去香港、新加坡等地“修行”过。多亏了那些经历，我才能在纽约为顾客提供高水平的服务，得到当地员工的认可。

可惜二〇〇九年的金融危机爆发后，经济大环境受到了严重的影响，我们不得不关闭了纽约分店。不过这并没有影响到 B 先生和我的交情，我们现在还是很好的朋友。

通过与 B 先生的交流，我深刻明白到了“抓住人心”的重要性。他还让我切身体会到，服务员的自信，来自愿意敞开心扉的客人。

纽约的一流服务员年薪两百万

在日本，“服务员”的社会地位并不算高。

但是在有些地方，服务员享有相当高的社会地位。尤其是在服务水平堪称世界第一的纽约曼哈顿，一流服务员的年收入足有三千万日元[①]，是很受追捧的工作。

顶级服务员与品酒师会成为大家口中的“大红人”。那什么样的服务员才算“红”呢？说白了就是“能将顾客吸引到自己工作的地方，不留一个空位”的人。甚至可以说，有没有吸引顾客的能力，直接决定了曼哈顿服务员的身价。

“红”的服务员都能牢牢抓住客人的心，所以我们经常能看到他们和客人坐在一起，把酒言欢。和出色的服

---

①约合人民币两百万。

务员交流是一种享受。享受过后，客人自会留下一笔不菲的小费。在曼哈顿，一晚上进账五六百万日元的餐厅比比皆是。光小费都有几十万日元呢。

服务员不会独占这些小费，而是会把钱分给餐厅的各个部门。这就意味着，只要店里有一个厉害角色，所有员工的收入都会水涨船高。好的品酒师也能带来同样的效果。只要有一个水平了得的品酒师，大家的收入都会跟着涨。所以“大红人”服务员无论走到哪儿都会受到热烈的欢迎。

全世界的顶级服务员都在曼哈顿的名店工作，每天的竞争都异常激烈。据我所知，在这里打拼的日本人屈指可数。

“日本的服务水平是全世界最高的！”“在服务精神这方面，日本绝对领先于其他国家！”——肯定有不少读者抱有这样的想法吧。然而，放眼顶尖服务员切磋本领的战场，我们就会意识到，“日本服务天下第一”恐怕是莫大的误会。

无论是快餐店，还是开在大街小巷的餐厅，日本的服务人员都是彬彬有礼。这一点的确值得我们骄傲。

但曼哈顿的顶尖服务员能和客人建立起“人对人”的关系，客人也会冲着他们来店里用餐。能提供这种高水平服务的人，全日本又有几个呢?

纽约的服务专家们有着极强的职业精神。他们的一举一动，也给了我许多启发。

日本的服务文化的确很细腻，很讲究“揣摩顾客的心思”。

可纽约的服务员们让我产生了一种危机感：光揣摩是不够的，还得“抓住顾客的心”，否则我们的服务就会落后于人。

从这个角度看，与好莱坞巨星B先生的邂逅，也成了我思考“服务员应该做什么，应该把这件事做到什么程度”的契机。

美国的顶尖服务员每天都在努力让顾客尽兴而归，努力提供能让顾客印象深刻的服务。我们甚至可以说，餐厅服务员所呈现的服务，已经演变成了一种“娱乐”。

娱乐型服务不一定适合日本的客人，但光有“过硬”的服务的确还不够。只让客人觉得“这家店不错”“气氛挺好”“菜也很好吃”也是不够的。我们还要让客人记住服务员的长相和名字，让客人冲着这位服务员再度光临。

B 先生毕竟是名人，我们为他的太太送上生日惊喜，在当时也算是相当冒险的尝试了。

可正因为这份惊喜，我们才抓住了 B 先生的心，他才会在纽约的开业典礼上认出我，跟我打招呼。

在我看来，只有和客人构筑起这样的关系，我们才能说这位服务员完美履行了自己的职责。

让客人记住你的长相和名字，冲着你再度光临——我认为每一个服务员都应该用这样的标准要求自己。

“在三十五岁之前成为全日本人脉最广的服务员”

结识了见城先生和 B 先生之后，我终于下定决心，“要以服务员的身份干出一番事业”。

三十岁那年，我又给自己设定了一个目标：三十五岁之前成为全日本人脉最广的服务员。

“人脉”有“和用得上的人建立关系”的意思，所以这个词带有些许利己主义色彩。在这里提“人脉”，也许会招致读者的误会。

但我想通过这个词强调的是，“‘人’才是最不可替代的宝贵财产”。

而且在我的定义中，“拥有人脉”就是抓住客人的心，与他们相互建立起信任。

换句话说，我所谓的“发展人脉”，并不是单纯地增加“熟人”和“常客”的数量，而是构建起一种双向的，“愿意为对方两肋插刀”的互信关系。

那么服务员要怎样建立起怎样的人脉？——用一句话概括就是，深入客人的内心世界。

在大多数人的印象中，服务员的工作就是“点单、上菜和介绍菜品”吧。许多服务员也的确把工作的重心放在了这些事上。

然而在我看来，上菜、上酒水不过是“机械作业”而已。

我曾问在Wakiya工作的年轻服务员：

“要是手里没有酒菜，我们要如何服务顾客？”

如果听到这个问题的服务员认定“我的工作就是上菜”，那就肯定会蒙。可是“蒙”正说明他在用上菜逃避自己真正的职责。

客人在你手中还没有酒菜的时候进了包间。你该怎么办？

我认为，服务员能否真正构筑起“人脉”的关键，就隐藏在这个问题的答案中。

我个人觉得，服务员的任务不仅限于上菜，还要表现出“款待客人的热忱”，并“协助客人构筑人际关系”。

这才是服务员存在的意义，也是服务员能大展拳脚的地方。

如果你能提供这种水平的服务，就会与顾客发展出“人对人”的关系。不断发展这种关系，才是拓展人脉的真谛。

一旦染病，人生就会大变样

“在三十五岁之前成为全日本人脉最广的服务员”——决心是有了，但这绝非一朝一夕就能达成的目标。

我还是一头扎进了工作中，诚心诚意地与客人打交道。在这个过程中，我感觉自己“成功抓住人心”的频率逐渐变高了。

量变会引起质变。不经意间，新的贵宾纷至沓来。因为我跟许多贵宾建立起了良好的互信关系，新客人就是他们介绍来的。

我甚至遇到过这种情况：某体育明星与某当红女星相约共进晚餐，聊着聊着，碰巧聊到了我，于是双双来到了 Wakiya。

我不过是一个餐厅的服务员。能让贵宾们说出“去萩原的店吧”，已经是莫大的荣幸。而且这样的互信关系，完全可以发展出新的人脉网。

还有一位著名的企业家跟我说过这么一句话：“你的朋友遍天下呀！”

我虽然有点难为情，却也打心底里高兴。毕竟他会这么说，也是出于对我这个服务员的信任。

这位企业家在年轻时自立门户，公司早已上市，业绩蒸蒸日上。在他眼里，我不会是一个“特别优秀的人”。

他之所以信任我，可能是因为觉得：

“他的工作态度很认真。”

“虽然功夫还不到家，但能看出他在努力。”

“他的确在为工作努力，很拼。”

要是我有朝一日找他帮忙，他一定会向我伸出援手。我凭什么这么有把握？因为我能感觉到，我们之间构筑起了“人对人”的关系。

在接待顾客时，我始终以诚相待，这才赢得了他们的信任。而这些人，就是不可替代的宝贵财富。

也许有人会觉得我上面这番话是在故弄玄虚，但我要告诉大家，我也是经历过漫长的摸索才得到这些经验。患上“服务员病”后，我探索了好几年，好不容易才摸到了一些门道。

在这个过程中，我结识了五花八门的人。他们改变了我的意识，我有时也会调整自己的思路。经过长年累月的努力，终于迎来了人脉开花结果的瞬间。

时至今日，我的人脉已经开始在我看不见的地方催生出各种各样的“化学反应”了。当然,化学反应的结果，不仅仅是贵客的增加。有越来越多的客人跟我说：

“话说萩原啊，前一阵子我去某某餐厅的时候，还跟那边的工作人员聊起你呢。”

我去其他餐厅的时候，也常会和店里的员工聊起大家都认识的客人。

“对了，前两天 ×× 先生来我们店里了！”

只要我们一如既往地重视这种联系,成型的“社交圈”就会不断扩大，不断变强。

第二章

将人生的全部奉献给工作

“这不是工作，而是人生”

身为一名服务员，我无时无刻不在思考“款待客人”究竟是怎样一回事。而名医 C 先生给了我很大的启发。

C 医生常把“贴心的服务”挂在嘴边。来我们店里用餐时，他时不时也提到这个词。不过直到我去他的医院体检时，才真正理解什么是“贴心的服务”。

“难得 C 医生经常关照我们店的生意，就去他的医院做体检吧。现在也只能用这种方式回报他了。”

Wakiya 会给员工安排体检，但我还是去了 C 医生那边。没想到，他竟在百忙之中亲自上阵，为我做了检查，也与我聊了许多。

尤其是下面这段话，给我留下了深刻的印象。

“萩原啊，谢谢你今天特意来我的医院做检查。其实无论去哪家医院拍片子，拍出来的都是一样的片子，不是吗？全世界用的 X 光技术都是一样的，医生的水平也都很高。可有些医生能揪出毛病来，有些则不能。你觉得这两种医生的差距在什么地方？”

我顿时陷入了沉思。片刻后，C 医生继续说道：

“我觉得，问题终究还是医生够不够贴心。我给你做检查的时候，把你当成我的儿子一样看待，把你的片子当成我儿子的片子，看的时候自然会更认真。你要是真生了病，我一定能救你。”

检查结束后，他给了我一张名片，上面写有他的手机号码。

“有什么事，尽管给我打电话。什么时候都行。”

从那时起，我有需要的时候，就会联系 C 医生帮忙。

诊疗期间，他不仅会认真听我描述，还会阐述自己对“服务”的见解。

有一次，他说：

“如果有腿脚不方便的老婆婆要来我们医院看感冒，我们就会带上轮椅，上门把她接过来。医院里还是很宽敞的，可以推着她到处走。老婆婆要回去了，就给她叫一辆出租车，送她到车上。”

何必做到这个地步？C 医生说，这样才叫“贴心”。

“如果生病的是你的亲生父母亲骨肉，你肯定会这么做，不是吗？道理是一样的。”

C 医生教会了我“要怀着爱意为你的客人服务”。

院长办公室里挂着一幅 C 医生亲笔写的字——“这不是工作，而是人生”。有一回，我随口夸道：“这幅字真不错呀。”

C 医生笑道：“你眼光不错嘛。你也没把‘服务餐厅的顾客’只当工作不是吗？你是在自己的人生中不断地结识新的朋友，新的客人。所以你的服务才能打动人心。行家就得做到这个份儿上。”

结识 C 医生之后，我会时不时向 Wakiya 的服务员们强调“要怀着爱意为你的客人服务”。

比如，要是有员工上菜的时候用的力度不对，我就会问：“如果这道菜是上给你女朋友的，还会这么放盘子吗？”

我坚信，只有怀着爱意，为客人提供贴心的服务，将服务视作自己的“人生”，才能做到真正的“款待”。

能否读懂他人的内心深处

同行D先生更是令我大开眼界。

我与他相识于东京麻布十番的餐厅。听说他在纽约等国际大都市的餐厅工作过。回到日本之后，也在有名厨坐镇的意大利餐厅当过经理。

我常去那家餐厅，因为它是二十三小时营业的。我一般要忙到深夜才能下班，所以这种开到凌晨的店特别适合我。它也是许多明星的光顾的地方，店里总是人声鼎沸。

最先让我注意到D先生的是，不用我明说“今天的预算是多少”，他就能配出完全符合我预算的菜品。

第一次去那家餐厅时，我一边跟他商量一边点菜，人均大约八千日元。第二次去的时候，我脑子里想着:“今天就不点那么贵了。”有时候是这样的，就算去同一家餐厅，每次的预算也不一样。有时候想放开肚子吃，好好享受一下，有时候就想随便吃点。

D 先生一见到我就问：

“欢迎光临，萩原先生。今天就由我来配菜？”

我立刻说好。

“那我去准备了。”

之后，他给我们上了沙拉、鱼和意面——我那天的确不太想吃肉。真是神了……他怎么知道我想吃鱼的啊？

这一顿吃了一万两千日元（两个人）。我去之前想的就是“今天的预算大概是人均五六千吧”，他配的菜刚好在我的预算范围内，让我大吃一惊。

一次可能是偶然，但是……

过了一阵子，我又去了那家店。那天，我是想放开肚子享受一下的，去的时间也比较早，打算“好好吃一顿晚餐”。预算嘛，大概是人均一万两千日元吧。

那天也是 D 先生帮我们配的菜。我连菜单都没看，却吃得分外满足。一看账单……人均一万三千日元。

D 先生的厉害之处当然不止“能猜出顾客的预算”。他提供的服务在各方面都让人“舒服”极了。

提起“能干的服务员”，可能有很多人会联想到“热情亲切”这几个字。但 D 先生不会满脸堆笑，也不会拍客人的马屁。

但他配的菜总能完美契合客人当天的心情，连分量都把握得分毫不差，真是不可思议。我刚想到“差不多该上葡萄酒了吧”，D 先生就会立刻出现在桌边问道：

“要给您上葡萄酒吗？”

他不是一直守在桌边，但是在你需要的时候，他必然会站在不远处，比魔法师还神。

不过这都算不了什么。不久后，我才真正见识到 D 先生的“神奇”。

麻布十番的餐厅关门之后，D 先生便自立门户，在西麻布开了自己的餐厅。

胁屋跟 D 先生很熟，也很佩服他的服务能力。某日，胁屋在 Wakiya 打烊之后带着店里的几个员工一起造访了 D 先生的餐厅。我们去的时候，已经是夜里十一点了。本以为胁屋是想随便吃一点就解散，免得大家赶不上末班车。

进门一看，店里还坐着许多我也认识的贵宾。让我去服务这些客人，我都要捏把汗呢。

我们这桌实际到场的人数比预约时多了一个，但 D 先生不慌不忙地接过我们的大衣，开口说道："没问题。胁屋先生，您请坐吧。"

然后利索地调整好了桌上的餐具配置，其间还顺便给其他桌的客人倒了酒。他的动作行云流水一气呵成，我们完全没有在"等"的感觉。

布置好餐桌，大家都坐下之后，D 先生问道：

"胁屋先生，今天是不是多来点蔬菜比较好？"

胁屋的确很注重健康，平时总会有意识地多吃蔬菜。

"可以啊。"

"您应该更倾向于吃热的蔬菜吧？那就来几道下酒的凉菜，再配些法式蔬菜冻和热菜吧。之后再来一道蔬菜牛肉浓汤。酒水就来点啤酒吧？大家刚下班。"

"嗯，那就喝啤酒吧。"

因为我平时有很多机会接近胁屋，所以我知道 D 先生的提议特别合他的心意。

无论是鱼、肉还是搭配菜肴品尝的葡萄酒，都是在最恰当的时候上桌的。吃肉菜喝红酒的时候，我抬眼看了看表，刚好是十一点四十分。如果按原计划，随便吃一点，坐末班车回家，那D先生的配菜计划和实际所花时间就分毫不差了。

可就在这个时候，胁屋滔滔不绝地聊起了工作上的事。可能是因为喝了酒，在场的所有人都有些“刹不住车”的架势。

见状，D先生悄然现身问道：

“胁屋先生，要再开一瓶红酒吗？”

胁屋看了眼手表，回答：

“嗯，再来一瓶吧。”

“要不再来点意面？意式香辣番茄面和蒜香橄榄油面，各来三十克。既然大家在喝酒，那还是配些微辣的菜品比较好吧？”

“嗯，也是。”

我们原来没打算吃很多，但喝着喝着，食欲上来了，正想吃点意面之类的主食。

最终，我们聊到半夜一点半才走。

胁屋是个特别注重细节的人，性子也有点急，对服务的要求不是一般的高。换言之，是那种服务员最“怕”的客人。

但 D 先生为我们提供的服务堪称完美。

更令我佩服的是，当晚店里共有八桌客人（其中不乏有头有脸的大人物），服务员却只有 D 先生一个人。倒酒上菜自不用说，连结账和接电话，他都完成得滴水不漏。

而且我们走进店门的时候，D 先生没有主动跟我打招呼，这一点也相当了得。

因为我之前都是私下去的。他考虑到，我可能不想让胁屋和其他同事了解我的私生活。

再加上胁屋是我的上司，作为一名服务员，他理应先关照胁屋。出于这几方面的原因，他才会假装没有注意到我。

用餐时，胁屋指着我说：

“D 先生，他是……”

D 看了我一眼才说道：

“啊，萩原先生，感谢您平时对小店的关照。”

他八成是根据我的表情，认定这话是可以说的，才打了招呼。我不得不感叹，他处理得太得当了。

在结识 D 先生之前，我以为一个服务员只要怀着爱意服务客人，只要怀着一片热忱去揣摩顾客的心思，让顾客满意而归，就能拿满分了。

但他的出色表现让我深切感受到，真正优秀的服务远不止于此。

D 先生的服务绝不会喧宾夺主。他只会在你需要他的时候出现。在其他时间，你甚至感觉不到他的存在。这才是真正的“空气般的服务”。

人们常用“空气般的服务”来夸奖出色的服务员，可是能真正化作空气的服务员，我只见过 D 先生一位。

他让我意识到，优秀的服务员就应该“不喧宾夺主，读懂客人内心深处的想法，精准满足客人的需求，在不经意间打造出舒适的空间”。

在为顾客点单之前，先“看脸”，发挥想象力

什么样的服务堪称“顶级”？——在我看来，全世界最棒的餐厅，也许就是“自己的家”。

对大多数人而言，“家”是最舒服的地方。想吃什么就吃什么，想吃多少就吃多少，想什么时候吃就什么时候吃。电视上播着想看的节目，想听的音乐从音响中传出……有这样一个家，夫复何求啊！

评判餐厅的优劣时，大家往往会比较关注酒菜的质量。但其实“服务”质量也是人们评判的对象。

如果你真想让顾客满意而归，那就应该大胆跳出评价标准的条条框框，让餐厅更有“家”的感觉。

问题是，我们真的能在餐厅中复制出一个“家”吗？

在我看来，就算不能完美复制，我们也得力争做到“理

所当然地提供对方想要的东西”，为顾客营造出“仿佛身在家中的舒适感”。

如果各位觉得“家”这个概念太难懂，那就用离你家很近，你常去的那家拉面馆做参照吧。

下班后，你饥肠辘辘地走进店里。“给，啤酒。”——不用你开口，老板就送上了一杯冰镇啤酒，牌子是你平时喝惯了的。然后他端出一小碟叉烧，说：“今天做多了，这碟就免费送给您当下酒菜了。”你喝了一大口啤酒，总算松了口气。这时，和平时一样美味的拉面上桌了。老板还顺便拿来了一碗米饭，说道：“今天肯定还得来碗饭吧？”……[①]

周到成这样，你肯定觉得特别舒服，天天往那家店跑。要是高级餐厅也能提供这样的服务，那就天下无敌了。

为了向顾客提供我心目中的“顶级服务”，我每天都在不懈努力。

例如，Wakiya 承办过某行业的高管宴会。

当时正是辞旧迎新的日子。到场的嘉宾都是 Wakiya 的老主顾，谁喜欢喝什么，我都清清楚楚。有一位嘉宾

---

①日本人有一顿饭吃几种主食的习惯，碳水化合物搭配也是很常见的组合。

平时不怎么喝酒，但心情比较放松的时候会点梅酒苏打。

“年底聚会，肯定是为了释放这一整年的压力。所以他今天肯定会点梅酒苏打！”

我会这样去想象来宾的心理状态，在宴会上提前准备好大家可能会点的饮品。如果我的预测足够准确，就能在来宾有需要时立刻将饮品送到他手中了。

政要来店里用餐时，安保人员往往需要了解当天的菜单和结束时间，所以我会主动把这些信息提供给他们。当然，传达时语气要尽可能自然，否则对方会觉得你不够客气。

关键在于快速揣摩对方的心思，精准地给出对方需要的信息（不能多也不能少），让对方觉得“这家店办事我放心”，进而产生“安全感”。有了安全感，安保人员自然就会觉得“舒服”了。

在向其他员工解释这种服务理念时，我总会将服务比喻成“用药”。

服务业的精髓，说白了就是“关怀和用心”。我们要用在客人身上的“心”，跟医生配的“药”是一样的。

每位客人都有不同的“症状”，而且“症状”随时间变化。所以“医生”要在最恰当的时机使用最适合这种“症状”的“药物”。

我认为，最理想的情况是开“预防药”，也就是在客人开口之前就能满足其要求。

比如，当客人喝完一杯水时，服务员就会听见冰块在杯子里碰撞发出的响声，立刻上前加水。但我觉得，听到响声再做出反应就晚了。我们必须确保“杯子在客人想喝水的时候一定有水”。要是客人吃的东西比较辣，服务员就应该以更高的频率添水，这样才能让客人吃得放心。

有这种“超前意识”，我们就能一步步实现宾至如归的“舒适”服务了。

与客人保持恰到好处的距离，不是时刻守在桌边，却能在客人有需要的时候立刻出现，在最恰当的时机呈上客人需要的东西——“魔法师”D先生教给我的一切，都成了这种服务理念的根基。在我看来，这才是“服务”的终极形态。

牢记顾客姓名长相的秘诀

记住顾客的长相与名字，以及他们的喜好和性格，也算是服务员的基本功了。

假设一位客人在三年前来过店里，服务员还记得的话，他就可以根据三年前的记忆与客人交流。从“招待客人”的角度看，能不能做到这一点非常关键。

曾几何时，一位常客垂头丧气地来店里用餐，告诉我：

“萩原啊，我在外面乱搞的事儿被我老婆知道了……她正跟我闹呢，还带着孩子离家出走了。”

我只得安慰道：

“真是难为您了……”

后来，他有将近一年没有露过面。再一次见到他的时候，是带着太太一起来的。

吃到一半，他起身去上洗手间。我趁机凑上前去说道：

“问题解决啦？”

客人欣喜地回答：

“可不是嘛，前段时间可把我愁坏了……”

正因为我和他建立起了“人对人”的关系，他才会对我说这些私事。这样的交谈，不仅会促使客人敞开心扉，在让客人放松、赢得客人信赖的过程中，这样的对话也发挥着关键的作用。

在 Wakiya 设宴招待客户的企业高管也会在节假日带着家人来店里用餐。他们八成是这么想的：“见客户时吃到的菜还不错，想让家里人也尝尝！”这让我备感欣慰。

遇到这类顾客，我一定会主动上去打招呼：“××先生，感谢您前些日子的关照。”如此一来，高管们在家人眼中的形象就会更加高大，用餐的心情自然也会更好。我觉得这样就能让 Wakiya 在他们心中留下更美好的印象。

我还发现，带家人来用餐的客人中有不少从常务或专务升任了社长。所以让他们满意，就是为餐厅争取到了更多的生意。

如前所述，“记住顾客的长相、名字和用餐喜好是服务员的基本功”。不过我刚入行的时候，也不是很擅长记这些东西。而且餐厅的服务员不可能拿到顾客的名单和照片。

那我靠什么记住呢？其实很简单。有头有脸的人物一般都能在网上搜到照片，所以我一有时间，就会上网浏览他们的照片。

久而久之，记起来自然就快了。现在我能一下就记住“这位客人是 ×× 公司的 ×× 先生”。我对每位顾客都以诚相待，用心维系着“人对人”的关系，这种态度应该也在某种程度上提高了我的记忆力。

服务皆“定制”

在大多数人心目中，“服务员”就是按照工作要求端茶送水上菜，再为客人介绍一些菜肴的大致情况。

但正如我反复强调的那样，如果你真想为顾客提供“宾至如归”的服务，工作要求派不上任何用场。

我始终认为，服务皆定制，应该根据每一位客人的实际情况来。

如果客人在预订座位时没有明确说“我要哪个包间”，那我就会根据此人到店时的状态当场分配。其实我也没有特别明确的标准，只是觉得比起按人数等硬性条件分配，不如根据客人的实际状态随机应变；如此一来，客人才能坐到最适合自己、也最为舒适的包间。

把客人带进包间后，我也会察言观色，见机调整空调的温度、背景音乐的音量和照明的亮度。客人好像有点热，那就悄悄把室温调低些。客人可能觉得音乐吵，那就不动声色地把音量调小点，诸如此类。

例如，在接待歌剧演员时，我一般会在他们落座后问一句："需不需要我把背景音乐关掉？"毕竟他们才是最专业的，要是音响里传出了歌剧，他们一定会觉得很刺耳吧。

最理想的服务，当然是在不开口问"您是不是觉得有点热"的情况下，就把空调迅速设定成最合适的温度。不过我如果发现哪位客人貌似不经常出入高档餐厅，就会询问此人对室温、背景音乐等方面的喜好。这样客人会觉得"这家餐厅的服务很周到"，产生安全感。

其实去高级餐厅用餐的客人通常不会主动提要求，以免破坏店里的气氛。

假设你结束了一天的工作，疲惫不堪地走进了一家法式餐厅。很想来杯啤酒解解馋，可是在这样的餐厅点啤酒总归有点不合适。"还是得点香槟啊……"——有这种想法的人肯定不在少数。

但这家餐厅的服务员如果有"为每位顾客定制服务"

的精神，就会去揣摩客人的心理活动，主动问："您忙了一天，一定很累吧？要不要先来杯啤酒？"我觉得这才是最理想的状态。

不过服务员一旦判断错，"贴心的服务"就会沦为"服务员的自我满足"。所以我们必须仔细观察客人的状态，用最自然的态度提议，绝不能将自己的观点强加于人。

能卖出昂贵葡萄酒的品酒师不一定优秀

受D先生的影响，我认为服务员的职责就是想象客人的“用餐速度”“预算”，以及“想吃多少、想喝什么”，提供恰到好处的菜品、酒水与服务。

所以我在Wakiya也会根据顾客的实际情况和包间中的气氛随机应变，比如“那个包间的上菜速度要加快”“不要给那边的客人推荐太贵的葡萄酒”等。

在包间会餐时，如果客人中有喜欢喝葡萄酒的，那么东道主可能会倾向于点好酒。

在这种情况下，要是品酒师推荐了一瓶五万日元的酒，东道主八成会一口答应：“那就开这瓶吧。”但心里也许在想——“其实两万的就够了……”

在我看来，能在这种局面下推荐价值两万的葡萄酒，才是真正优秀的品酒师。如此贴心的服务能让客人满意而归，也能避免 Wakiya 沦为“逼我点五万的葡萄酒”的餐厅。享受到这种服务的客人也更有可能成为回头客。

换言之，从“做生意”的角度看，“能卖出昂贵葡萄酒的品酒师”并不一定优秀。

一般情况下，Wakiya 的包间只提供套餐，不能单点。

但来的要是老主顾，我就会仔细观察对方的状态。如果我觉得“这个人今天大概不想吃太多”，就会主动提出：“您今天不点套餐也没关系，要不就来份饺子或拉面吧？”

贵宾（尤其是演艺圈人士）难免会顾忌周围人的视线，就算没什么食欲，也不得不选择包间。我若能为他们提供“只吃饺子或拉面也行”这个选项，那么他们下次想“随便吃点”的时候，就会更容易想到 Wakiya 了。久而久之，他们就会觉得 Wakiya 的气氛特别放松，进而形成“吃中餐必去 Wakiya”的条件反射；就连重要的饭局，也会安排在 Wakiya 进行。

这种服务理念和我非常尊敬的C医生的座右铭——“这不是工作，而是人生”有异曲同工之妙。

只要和客人建立起“人对人”的关系，自然就不会拼命推荐昂贵的葡萄酒给他们，也不会把规矩完全定死，要求坐包间必须点套餐了。

用其他餐厅的预约，把接下来半年的业余时间填满

我始终认为，服务员的工作不仅限于“餐厅内”。

好的服务员在“美食”这方面一定要有足够强大的知识储备和联络网。客人问：“哪儿有好吃的寿司店啊？”就应该不假思索地回答：“寿司店的话，××应该能满足您的要求。”客人问：“我最近要去香港，有什么推荐的餐厅吗？”你就应该脱口而出：“那您可千万不能错过那家……”光给建议还不够，最好能立刻帮客人把位子定好。

可能会有读者纳闷：还有人会让服务员推荐其他餐厅吗？如果这位客人信赖我，认定在“美食”方面靠得住，那让我推荐餐厅是顺理成章的事。

会如此信任我的客人必然会在想吃中餐的时候来到

Wakiya，也会介绍更多新客人给我们。

既然是“人与人”之间的交往，像这样给出真诚的建议就是理所当然的了。

没有庞大的知识储备，就无法满足顾客的各类需求。

所以服务员必须不断搜集最前沿的“美食信息”。而搜集的方法，就是去五花八门的餐厅亲自吃吃看，确认菜品与服务的质量，摸透工作人员的性情，并与他们搞好关系。

平时的积累在关键时刻就会发挥作用。要是突然有一天，家喻户晓的体育明星问你：

“我想找个地方和家人安安静静地吃顿饭，你觉得哪里合适？”

你就能立刻回答：

“那家店有包间，菜也很好吃呢。这样吧，预约的事情您就交给我，我会跟那边的工作人员打好招呼。”

如此一来，明星和他的家人一定非常满意，而且你推荐的那家店也会很感激你：“多谢您介绍 ×× 先生来我们店里用餐！”

具体的信息搜集方法非常简单——品尝各色餐厅的菜肴，体验每家店的服务。

我每周要工作五到六天，所以只能在休息日集中做“功课”。早餐时间尽可能先空着，至于午餐和晚餐，我会提前几个月定好位子。实不相瞒，接下来六个月的休息日已经被我排满了。

何必提前那么多呢？因为我想去的餐厅都很受欢迎，不提前约就吃不上。至于跟谁一起去，等日子快到了再考虑就是了。

提前约好人气餐厅还有一个好处，那就是“创造约人吃饭的由头”。

想约自己很尊敬的人吃饭，却没有一个“由头”，岂不是很难开口吗？但要是你提前定了位子，就可以这么说：

“×× 先生，我定到了 ×× 餐厅 × 号的位子。那家餐厅特别火，定位都要抢……您要是有时间，跟我一起去怎么样？”

只要对方没有别的安排，就很有可能一口答应。

也就是说，我做的这些“功课”不仅能让我搜集到一个服务员所必需的情报，还为我创造了与各路精英聚餐的机会。

我之所以要把早餐时间空出来，是为了应付比较突然的会谈。早上有空，就能在酒店或餐厅边吃边聊了。不需要出门见人的话，我就在家看书学习。

“到处吃”的确要投入大量的钱和时间，但我从来都没有心疼过。

一样是外出就餐，那肯定是每次去不同的餐厅更长见识。总是去同一家店，张口就是牢骚，那才叫浪费时间金钱呢。

一边搜集能用在工作中的信息，一边创造和精英们见面畅谈的机会，让他们来启发自己——在这个过程中花出去的钱，其实是一种自我投资。

别人在放松休息，你却在利用午餐和晚餐的时间发展人脉。久而久之，你就把别人甩在身后了。

我采取这种方法是为了提升自己的服务水平，了解其他餐厅的情况，但商务人士其实也可以用这招。如此一来，当你遇到想要深聊的人时，就能顺势请对方跟自己一起用餐了。

长期在同一个地方工作的人往往会觉得生活一成不

变，缺乏新鲜的邂逅。其实只要我们肯努力，就能为自己创造机会，接触到新鲜的人与事物。窝在家里可不行，机会不会从天而降。

我时常叮嘱 Wakiya 的员工们，“有空多去别的餐厅体验体验”。身为服务员，我们必须想方设法搜集信息，尽可能对全日本的餐厅都了如指掌，否则无法创造“绝无仅有”的价值。

最近店里的年轻人也开始主动“做功课”了，会不时跟我汇报：

“我要回老家一趟，顺便预约了 ×× 餐厅。”

日积月累的努力，终会体现在自身的品位上。

睡觉时把手机不离身，二十四小时随叫随到

Wakiya 的贵宾都有我的名片，上面有我手写的手机号码。如有需要，他们可以随时给我打电话、发短信。

我把手机的响铃模式设定成了“只有收到短信时才震动”。睡觉的时候也会把手机塞在胸前的口袋里。如此一来，只要手机一震，我就能知道是贵宾发来的。我还给自己定了一条规矩：无论身在地球的哪个角落，都要在三分钟内回复。

有一次，我在美国出差时接到了某位演艺圈明星的电话。

“我十分钟后去你们店里，行吗？”

打电话时，日本刚好是下午三点左右，在美国却是

深更半夜。我猜他大概是刚录完电视节目,想补一顿午饭。

“好的，没问题。我今天不在店里，但是会让店里的工作人员准备一些滋养身体的蔬菜和热汤，静候您的光临。”

挂了电话之后，我立刻打回店里，让工作人员准备好包间。

明星临走时随口问道:“今天萩原先生不当班啊？”

“他在纽约出差呢。”

听到工作人员的回答，他才意识到我是在半夜接了他的电话。几天后，特地向我道谢：

“那天打扰你休息了，真是不好意思。多谢你的及时安排。”

对我来说，为客人做这些是理所当然的。要是能给客人留下“萩原的反应速度很快”的印象，那我们之间的互信关系就会更加牢固。

类似的例子不胜枚举。贵宾不仅公务繁忙，计划临时有变也是家常便饭。常有贵宾突然联系我问：

“我现在过去还有位子吗？”

位于东京赤坂的“Wakiya 迎宾茶楼”在两个楼层配置了十二个包间，保证随时都有空房，贵宾来得再突然也不怕。一接到公务繁忙的贵宾打来的电话，我们甚至不用确认包间还有没有空的，就能立刻回答："没问题，恭候您的光临。"

久而久之，这些忙碌的客人就会加倍信赖我："萩原先生回复消息特别快，什么时候去他店里都没问题。"不知道该去哪家餐厅的时候，他们会立刻想起Wakiya，通过电话或短信联系我。

反之，如果你的电话总也打不通，那客人肯定会转投别家。一出一进，差距就拉开了。

其实"及时回复"不仅适用于服务业。

就算不是餐厅的服务员，也应该尽可能迅速应对客户的要求。回复速度快的人，总会有更多客户和业务。放眼我们周围，这样的例子实在太多太多了。

及时回复并不难，只要肯努力，谁都能做到。

其他餐厅的服务员也可以轻易模仿我。但是要坚持一年三百六十五天，一天二十四小时，就必须得有"竭诚为顾客服务"的一腔热血。

这年头，像我这样在顾客突然咨询时用短信回复的餐厅服务员恐怕没几个吧。

我会在每年新年夜零点过后通过短信向那些与我联系过的贵宾拜年。短信的内容是提前准备好的，每个人都不一样。忙活到半夜一点半,才能把两百多条短信发完。

贵宾们日理万机，肯定会收到大量的拜年短信。我也不奢望他们会看我的。

但他们平时对 Wakiya 多有关照，我自然想在辞旧迎新之际表达一下感谢之情。而且我不想让我们之间的关系停留在“服务员与顾客”的层面,我追求的是“人对人”的交流，所以一直保留着这个习惯。

服务员不需要个个优秀

如果你想在一家有一定规模的餐厅为顾客提供最优质的服务，光有一位能干的服务员肯定是不行的，更需要全体员工的团队协作。

所以我在给员工开会时总把“足球型服务”这个词挂在嘴边。

一支足球队有守门员，有负责得分的前锋，有负责传球的灵魂人物,大家各司其职。在履行自身职责的同时，队员们还要仔细观察周围的情况，必要时参与防守或进攻。

同理，在餐厅工作的每一位员工也要在做好分内事的同时留心同事们的情况。只有这样才能提供周到体贴的服务。

比如，在我和贵宾交谈的时候，我的同事们会悉心观察其他顾客，如有必要就主动上前搭话。

看到我和贵宾聊得热火朝天，隔壁桌的客人可能会纳闷："为什么经理只跟那个人说话啊？"但要是有其他人分散注意力，就不会注意到我了。

不过我们也不能仅仅满足于"做好分内事"。

以"Wakiya 迎宾茶楼"为例。这家店有上下两层（三楼和四楼）。负责三楼的员工绝不能因为"三楼一切正常"骄傲自满。三楼做得再完美，要是怠慢了四楼的客人，气得人家投诉了，那这家店的整体表现就不会是完美的。

所以我会要求负责三楼的员工在自己不是特别忙的时候去四楼转一圈，看有没有需要帮忙的地方，千万不能让客人等急了。

无论你是后卫、中场还是前锋，只要队伍落后了，就得齐心协力进球。防守的时候也是如此。

如果将餐厅比作足球队，那我的身份就是球员兼教练。所以通过会议提升队员（工作人员）的士气，考虑最合理的人员配置也在我的工作范围内。

在我看来，有梅西这样的明星球员并不是赢球的绝对条件，平衡的整体配置反而更重要。

服务员的特质也是因人而异的。有的擅长埋头苦干，有的不擅长讲解菜式，却能非常真诚地和顾客交谈；有的则以推销酒水见长……

正因为“队员”各有千秋，我才能根据顾客的特征、包间内的气氛等因素，灵活调整人员配置，提升顾客的满意度。

比如，当我发现包间里的气氛有点沉闷时，就会调一个幽默的工作人员过去。这才称得上是为客人量身定制的服务。

只有充分发挥出每位员工的个性，才能为不同类型的顾客提供高水准的服务——所以我始终认为，服务员不需要个个优秀。

当然，一个服务员必须要有“想为顾客服务”的激情与诚意，这是绝不能少的大前提，但我觉得刚入行的年轻人最好还是不要轻易模仿我的服务风格。因为这样的服务不适用于所有年龄与个性。

上了年纪的贵宾来用餐时，我会故意带一个新人一起去打招呼。进屋前，我会叮嘱道：

“不用装出一副老成的样子，只要正常打招呼，说一句‘多谢您平日里的关照。我是刚来的 × ×，今后请您多多鞭策’就行了。”

我为什么要这么教育新人呢？因为如果他勉强自己模仿我的谈话技巧，反而不利于他的成长。不如让客人看到他的朝气和干劲，换一句“好好干！”。

如此一来，新人下一次服务这位贵宾时，就有可能听到这样的赞赏：

“× ×，你长进不少嘛！”

“干得不错嘛！”

只有这样，年轻人才能用年轻人特有的方法，拉近与客人之间的距离，构筑起“人对人”的互信关系。

第三章

彻底读懂对方的心

想方设法与对方“同化”

抓住人心，靠的不是写在工作手册上的方法。因为说什么话、用什么东西、做什么事都是因人而异的。换句话说，“抓住人心的方法”不止一种。

那我们到底该如何抓住每一位顾客的心呢？给大家一个提示：与顾客“同化”。

我平时会有意识地收集和有关贵宾的信息。因为了解得越深入，才越容易与之同化。

若能完全“进入角色”，变成他肚子里的蛔虫，自然就会知道“什么样的话能打动此人”“什么样的环境能让他敞开心扉”。

当然，我会把网上查得到的信息浏览一遍，但是网络能搜集到的信息数量极为有限。

如前所述，我会利用闲暇时间前往客人的公司，观察一下公司所在的大楼。一看到大楼的门口，我就会浮想联翩：

“这个人就是从这里上车来 Wakiya 的吧……”

而且我认为，在亲身体验的基础上发挥想象力，更有助于与客人“同化”。

有时候，我甚至会去客人的老家走走看看。

一位客人的故乡在秋田，我就利用休息日去秋田转了一圈。等这位客人下次来店里用餐的时候，我就能告诉他：

“我前一阵子去了趟秋田呢。”

听说你对自己的故乡有些了解，呼吸过那片土地的空气，客人就更有可能对你敞开心扉了。经历，也是对自己的一种投资。

来我们餐厅的贵宾有不少会出书。我总会尽早购买他们的著作，仔细阅读。因为书里有网上查不到的深度观点。看书的时候，也要彻底进入角色，去体验客人的思维与想法。

在这个过程中，你一定会有全新的发现。

比如，Wakiya 有一位老主顾 E 先生是经营连锁餐厅的。通过阅读他的著作，我意识到他旗下每一家店铺的选址、菜单、装潢等各方面的元素都建立在他的经营哲学与理念上。

等 E 先生来用餐时，我便说道：

"您家的店无论菜单、装潢还是其他方面，都是完全根据您在那本书里写的哲学和理念设计的呢！"

听到这话，E 先生高兴地笑道：

"是啊！你也能看出我想干什么吧？"

绝不泛泛而谈

Wakiya 的贵宾来自各行各业。为了想象出客人是抱着什么样的心态工作的，我会尽可能多看商业类的报纸杂志和电视节目。

很久以前有过这么一件事：某行业的“万年老二”F 公司终于咸鱼翻身，在销售额方面坐上了龙头老大的交椅。这条新闻在很长一段时间里成了各路媒体聚焦的热点话题，不过 F 公司开展的大规模并购也招致了部分有识之士的批判。

为什么？因为 F 公司耗资数千亿日元收购了某发展中国家的一家公司。不少人觉得此举风险太大。

看到这些报道，我不禁揣摩起了 F 公司的大领导 G 先生的心思。

G 先生经常来 Wakiya 用餐，所以我跟他打交道的机会比较多，之前也很关注他在公众场合的言论。我能真真切切地感觉到，他是个极有胆识的人，并购和其他极具挑战性的决策，也都建立在坚定的信念之上。

不久后，G 先生又来店里用餐。我一边引导他就座，一边说道：

"F 公司之所以能成为业界之首，肯定是因为您的员工被您的拼搏精神感染了。"

G 先生顿时用力搂住了我的肩膀。这个动作也让我心头一暖。

如果我说的是"恭喜 F 公司拿到销售榜第一名"，G 先生八成只会笑道："嗯，多谢。"因为这样的话语无法触及他的内心深处。

我深知他顶着舆论的压力，承担了巨大的风险，每天都在奋勇拼搏。所以想让他知道，他的人生态度让我产生了共鸣，也让我分外敬佩。

从这个角度看，"拼搏精神"是绝不能省略的关键词。

如何提升“读心力”

对经常在 Wakiya 设宴的企业，我会准备一个文件夹，专门用来收纳各种纸媒刊登的关于这些企业的报道。

有一次，我碰巧结识了一位毕业后想去著名精密仪器生产商 H 公司工作的学生。

看他在为面试不顺利而烦恼，我就把 H 公司的文件夹给了他。里面有公司创始人 H 社长在《日本经济新闻》上的连载专栏“我的简历”，体现出社长经营理念的采访报道，H 公司的历史沿革，可谓应有尽有。这也是胁屋平时会做的功课之一。

“你把这本文件夹好好看一遍，面试的时候也带着去。面试官看的是‘你对我们公司有多少诚意’，说白了就是你有多少激情，还有你是个什么样的人。如果真想进 H

公司，就应该在面试前把这本文件夹吃透，把H社长的观点都塞进脑子里。”

我给他提这样的建议，是因为面试的关键也在于“抓住面试官的心”。

要与对方“同化”，读懂对方的心思，首先就要深入了解对方。要是连这一点都做不好，恐怕很难突破面试这一关。

后来，这位学生顺利通过层层选拔，成了H公司的一员。听说他参加最后一轮面试时，一听到面试官问：

“那就先说说你为什么想进我们公司吧。”

他立刻亮出了那个文件夹。一般情况下，应聘者要等一个星期才能收到面试结果，谁知面试官居然当场就说：“我们录用你了。”

搜集到的信息越多，你就越容易想出要如何服务为这位客人。

“要是那位客人来了，我就这么办！”

“等这位客人下次来的时候，我就开这个玩笑好了！”

比如，我非常喜欢的明星I先生经常来Wakiya用餐。有一次，他在节目里聊起了咖喱，说他不喜欢吃胡萝卜，但绝不吃没有胡萝卜的咖喱。而且他吃咖喱的时候一定要配福神酱菜[①]，没有福神酱菜绝不吃咖喱。

看到这儿,我想好了下次见到I先生时要跟他说的话。

“I先生，您一定要尝尝看我们家的咖喱，里面加了胡萝卜，我再给您加一大堆福神酱菜！”

听到我这么说，他或许会开怀大笑。

我满脑子都是这样的“服务创意”。也特别享受进入角色、充分发挥想象力的时光。

当然，想象不一定总能变为现实。

但根据我的个人经验，有一点我敢打包票：

时不时揣摩顾客的心情，试图与顾客同化，你的“读心力”就会有提升。

---

①一种酱萝卜。

如何在拥挤的车厢找到“即将空出来的位子”

因为我满脑子都想着要跟客人同化，所以成了一个习惯——无论是坐车还是在餐厅用餐，我都会仔细观察周围的人，围绕他们展开想象。

比如前些天，我坐电车时见到了一个年轻人，就想象起了他的生活背景：“他肯定住在自由之丘。不过他的工资不是很高，所以左挑右选，最后还是选了到车站要步行十二分钟的一居室。他很喜欢小动物，但是眼下还没法养。”

也许有读者会嫌我坐个车都胡思乱想。那我为什么要特意把这个习惯介绍给大家呢？

因为不断观察与想象，能有效提高你的“读心力”。

最近我甚至能在拥挤的车厢中看出“哪个人马上就要下车”。只要是被我“抓到”的乘客，一定会在一两站后走到车门附近，命中率几乎是百分之百。

无奈同事们并不相信：

“百发百中也太夸张了吧？”

于是我就带着一位年轻下属挤了一趟电车。

“那个背着背包的男人，还有那个穿绿衣服的女人马上就要下车了。我走到女士那里，你就去另一个人面前等着吧。”

列车第二次停车时，只有那两个人下了车。下属忙问：

“我鸡皮疙瘩都起来了……您是怎么看出来的？”

怎么说呢，只要上车后环视一周，我就能“看出来”。

我当然没有超能力。命中率能这么高，必然是有原因的。

我推测一名乘客会不会下车的依据，并不仅是这个人的行为（把手机收起来、看窗外确认站名……）。就算那人只是坐着，我也能凭气场马上揪出要下车的人。

那我到底是怎么判断的？关键在于坚持锻炼自己的“观察力与想象力”。

比如，只要长期观察在自由之丘下车的人，你就能一眼看出这个人是不是住在自由之丘了。

我从小就是个喜欢观察别人的孩子，没当服务员的时候，我也有观察周围人的习惯。这也可能在某种程度上影响了我的观察力。

不过在我有意识地训练自己的观察力之后，就渐渐掌握了在不经意间“看懂”别人的门道。反复进行“观察与想象”的练习，也能帮助我们理解别人。

一分钟内搞定预约电话

听说以“服务好”著称的某外资酒店要求员工接到预约电话时尽可能和客人多聊一会儿，这样有助于搜集更多信息，提升服务质量。

但我的观点恰恰相反。我对员工的要求是：

“预约电话要在一分钟内挂掉。”

一分钟其实很短。大家不妨试试看。

能在一分钟内跟客人讲完吗？大多数人会觉得自己还有话没说，也有很多细节没来得及问呢。

“在一分钟内挂断预约电话”的确需要高超的技巧。

要是接电话的员工无法对答如流，客人就会产生疑虑，到时候员工就需要反复说明了。

如果接电话的人总能迅速给出明确的回答，客人就一定会觉得："这人都听明白了！"无须员工多做解释，就完成了整套预约流程。

不过，即便能做到"对答如流"，也很难把电话时间控制在一分钟以内。

要达到这个目标，就需要我们根据语气与音调，揣测顾客的需求，并在此基础上给出明确的回复，说白了就是"闻一知十"。

例如，某厂商的大领导经常在 Wakiya 设宴招待宾客。一天，他打电话给我说：

"萩原，帮我留个包间，两个人。谈私事哦。"

根据他的语气，我推测出他可能是要和重要的女宾一起用餐，想让我安排一间有情调的包间。要是我开口问："那您对包间有什么要求吗？"就太失礼了。

"好的，我会帮您准备好有沙发的包间。"

听到这句话，客人就放心了："嗯，萩原很机智。"通话时间自然就短了。

客人用餐当天，我派了一位很会说话的年轻男员工负责那个包间，确保大领导面上有光。做到这个份儿上，让顾客满意而归，才算是“闻一知十”的服务。

在与顾客构筑互信关系的过程中，这种揣摩与应对能力也是非常重要的。

“不用我说，他也能猜出来！”

无论这个人是你的朋友还是下属，你都会分外信赖他，仰仗他。这也是人之常情啊。

我一般能在五十秒内搞定一通预约电话。

其实商务人士也可以运用这方面的技巧。

假设上司让你去打印一份文件，那么对方的指令中必然包含着各种各样的“要求”。

要彩色的还是黑白的？要单面还是双面？如果要打的是PPT，那么每页要打几张也是个问题。打完了要怎么装订……随便想想，就能列出许多选项了。再排列组合一下，就会产生无数种“打印结果”。

要是你总要把每个细节问清楚，你的上司很难信赖你。

有些读者会觉得：

“不问怎么知道啊？万一搞错了，岂不是要从头来过吗？肯定还是多问问更保险啊！”

但我们完全可以有意识地观察前辈们打印过的资料，

还有上司平时让别人打印的文件，看看那些文件是以什么形式呈现出来的。观察得多了，不用反复确认，也能打出符合上司要求的东西来。

当然，刚开始实践这种方法时，我们可能会“误读”。你拼命开动脑筋，认定“上司要的肯定是这样的文件”，却扑了个空。拿到不称心的文件，上司通常会说：

“别画蛇添足！不懂就问啊！”

但我们不能就此放弃，而是应该更加仔细地观察，努力想出最佳选项。当你的成果完全符合要求，甚至超出了上司的预期时，上司就会认定你是能带来惊喜的人，自然就会受到重用。

刚进门的三十米最关键

晚餐营业刚开始时，餐厅门口总是人头攒动。热闹的时候，甚至会有一百到一百五十名客人同时到店。所以餐厅的全体员工都会来到门口一字排开，为客人们带路。

“刚进门的三十米”是揣摩顾客心思的关键战场。尤其是初次来店的客人，我们往往很难提前获知太多的信息。在这种情况下，“读心”的难度当然很高。

但客人会给我们提示。我在这最初的三十米重点观察的是“步态”。好比性急的客人，步速会比普通人快一些。大多数人不会刻意控制自己的步态，所以步态更能体现出一个人的真性情。

如果我在头三十米观察到了下面两种迹象，那就意味着这位客人需要“重点服务”。

> 抬头挺胸，体态极佳；
> 刚进门时走得比较慢，仔细观察店内的情况。

天生体态好的人也不是没有，但好的体态多为有心控制的结果。这类人比较关注自己在别人眼中的形象。

而仔细观察店内的情况，是为了考察店铺的第一印象，看看这里的氛围够不够好，在这里设宴合不合适。

这类顾客也会用心观察店里的工作人员。一旦意识到工作人员没有认出自己，便会用一句话给出最关键的信息：“我是 ×× 公司的。”举手投足都显得分外从容。去餐厅赴宴时，与其报上自己的名字，或说“我预订了七点的位子”，不如先报上公司名。有了这项信息，餐厅员工就知道该带你去哪儿了。

如果是公司设宴款待客户，那么送给宾客的礼品一般都是由东道主公司最年轻的雇员拿着的。好的服务员不会让客人开口说：“不好意思，帮我把这个分成小份，上甜点的时候拿给大家。”

最理想的状态是在客人提要求之前，上前说：

“您把礼物交给我就行了。我会帮您分成小份，在宾客用餐后送上来。”

在门口迎宾时，我一旦发现需要“重点服务”的顾客，就会陪对方一起坐电梯，一路送进包间。

因为电梯中的简单交谈，还有客人刚落座时的三言两语，在服务中发挥着关键的作用。

会餐一旦开始，服务员就必须退居二线，提供行云流水、宛如空气一般的服务，绝不能打扰到客人之间的交谈。

但是在其他宾客到场之前，客人和服务员就是一对一的状态。

如何在信息不足的情况下揣摩客人的心思，让客人舒适又放松——甚至可以说，这才是最考验服务员本领的时间段。

培养“会读心的员工”

对服务员而言，陪同顾客从门口走到包间的这段时间尤其关键。

如果来的是见城先生，我一定会边走边说“我刚看完幻冬舍出的《×××》”，或者“我前一阵子在电视上看到您了呢”。中心思想就是要用一句话表现出：“您是本店的贵宾，我们一直把您放在心上。”如果给上面这两句话打一百分的话，那么“今天为您安排的是三楼的包间”这种不痛不痒的话就只能打零分了。

所以 Wakiya 在迎宾前的通风会上花了很多心思。

“今天我们要接待的是 ×× 公司和 ×× 公司。定的是 ×× 套餐，客人有忌口……”普通餐厅在通风会上分享的应该是这一类信息吧。

但 Wakiya 的通风会不一样。除了这些基本信息，我还会向员工们传达客人的“背景”，比如：

“那位客人去年办过丧事，千万别对他说‘新年快乐’，只说‘多谢您平日里的关照’就可以了。”

“这位客人很喜欢吃饺子。虽然他们今天点了套餐，但一定要有人主动问一下‘要不要加一份饺子’。”

让每位员工都掌握这些信息很有好处。接待爱吃饺子的客人时，员工与客人就可以在电梯里进行这样的对话：

“今天需不需要加一份饺子？”

“亏你知道我喜欢吃饺子！”

“因为您经常来嘛！”

如此一来，客人就能以非常高兴、放松的状态落座了。

若能将贴心细致的服务贯彻到从迎宾到送客的每个环节，客人一定会感叹：“今天来这家店真是太明智了。”

这才是我理想中的餐厅。

要求每一位员工都提供如此细致、高水平的服务的确存在一定的困难。但只要通过通风会等渠道，坚持分享客人的信息，员工就会逐渐意识到“应该注意客人的哪些方面”。

培养员工的“嗅觉”，让大家开动脑筋思考“为什么客人会说这句话”，敏锐地捕捉到“这位客人好像有话要说”的迹象，与客人建立起“人对人”的关系，正是我眼下的目标。

通过伴手礼想象对方的一切

如果提前知道客人的名字和公司，我们就能搜集各路信息，发挥想象力，尽可能与之“同化”了。

问题是，设饭局的东道主往往不会把宾客的名字告诉我们。遇到这种情况，服务员就只能从宾客佩戴的徽章和其带来的伴手礼入手了。

接下来要讲的这个故事发生在我升任总经理之前。一天，上司指派我负责一个包间。某家公司要设宴款待贵宾。

在当时的Wakiya，当天的宴席算是预算非常高的。我也能感觉到顾客对这次饭局的重视程度。我那会儿还没多少经验，难免有些紧张。

其实我最想知道的就是“嘉宾到底是谁”。

后来，宾客提着礼品袋走进包间。袋子上印着一家咖啡馆的名字。咖啡馆位于表参道，以美味的蛋糕出名。我赶忙查了一下咖啡馆的背景，才知道它的母公司是生产服装的 J 公司。

我在上菜的间隙用电脑搜了一下 J 公司，果然在官网上找到了今天来店里用餐的嘉宾的照片。

“哦……原来今天的嘉宾是 J 公司的社长！”

搞清嘉宾的身份后，我回到了包间。

过了一会儿，东道主 K 先生对我说：

“你们工作是不是很忙啊？很难休假吧？”

我回答：

“那倒不至于，假期还是有保证的。最近我特别喜欢趁休息日去表参道吃蛋糕呢。”

当然，我是故意这么说的。但我也不确定 K 先生能不能听出话里的玄机。

谁知 K 先生立刻心领神会道：

“拿着胁屋大厨发的薪水，还有假可以休，真爽啊！瞧瞧这身西装，多挺括啊！”

我忙说：

“那是当然，毕竟是J公司的产品嘛！”

在座的所有客人都哈哈大笑。K先生更是笑开了花：

“你挺有意思的嘛！”

J社长也笑道：

“这话听着真舒服！”

结完账，送走宾客后，东道主公司的顾客们又回到了Wakiya。K先生对一旁的服务员说：

“我去酒吧喝一杯。你帮我把萩原叫来。”

我立刻赶了过去。K先生对我大加赞赏：

“你今天的表现着实不错啊。比你大一两轮的服务员我也见过不少，可这么高水平的服务，我还是头一次享受呢。”

他还补充道：

“没法提前做功课，却能随机应变。这才是真正的服务啊！”

也许是因为当时我还很年轻，这一晚的成功给我留下了深刻的印象。

这件事让我意识到，手中的信息再少也不能放弃，想方设法了解客人的热忱是必不可少的。只要坚持不懈地、认认真真地思考“如何抓住客人的心”，就一定能实现“真正打动人心”的服务。

不拍马屁

许多读者可能会觉得，要“揣摩顾客的心思”，就得一刻不停地盯着人家，寸步不离。

但我不会一直守在包间，基本只能见到客人三次，一次是在迎宾的时候，一次是在送客的时候，另一次是用餐期间。每个包间我都会进去一次，一边上菜，一边确认房间里的情况（比如人员配置有没有问题），再和客人聊两句，仅此而已。

也就是说，我和客人接触的时间比其他服务员都要短，可许多客人临走时一见到我，就会主动喊我的名字，再聊一聊。

其他服务员也许会觉得有些委屈。用餐时服务得最用心的是他们，为什么客人却偏偏记住了我？

这并不是因为“总经理”的头衔，我充其量不过是一个服务员。光有头衔，贵宾们不会记住我的名字，更不可能主动跟我打招呼。

那客人为什么会格外留意我呢？——这极有可能是因为我说的都是自己提前构思过的话，而这些话起到了“打动人心”的作用。

我在之前的章节提过，幻冬舍旗下的杂志《歌德月刊》的“歌德主义”专栏将中餐部门的大奖颁给了Wakiya。

“歌德主义”的评审是业界知名的三位美食家：见城先生、秋元康先生和小山薰堂先生。所以不同于普通媒体发布的美食信息，这个专栏总能让我眼前一亮。有些在专栏中刊载的餐厅连我都没去过。

而且我能从专栏的字里行间读出不同于别人的激情与能量。这一定是因为这个专栏饱含着见城先生的一片热忱吧。

所以当秋元先生来Wakiya用餐时，我就说了这么一番话：

“‘歌德主义’真的好厉害！我的吃货朋友都说，‘我以为自己吃过的餐厅很多了，消息已经很灵通了，可我总能在‘歌德主义’找到没去过的店’。”

秋元先生欣喜地笑道：

“在写‘歌德主义’之前的那三个月，我都是专门去以前没去过的餐厅吃。下次咱们一起去吧！”

要是我拍了不痛不痒的马屁，比如“我看了这期《歌德月刊》，里面介绍的餐厅好像很不错呢”，就不可能打动秋元先生。

在我看来，如果你想就顾客的工作发表见解，那就必须先充分了解对方“倾注了心血的事业”是什么，再在此基础上将自己的真情实感表达出来。

最强莫过于“完全进入角色”

当然，你越是深入思考“什么样的话才能抓住客人的心”，你说出来的话就越犀利，与“不痛不痒地拍马屁”截然不同。稍有差池，就会让顾客觉得你是不懂装懂，多管闲事。

深入对方的内心，既意味着你能说出打动对方的话，也意味着你进入了对方的防御范围。

换言之，在你说了“真正想说、能打动对方的话”，而不是“不痛不痒地拍马屁”的那一刻，遭到顾客强烈抵触的风险自然也就产生了。

我也有过说错话惹恼客人的经历。但我依然庆幸自己没有放弃，而是继续用心揣摩。想深入了解客人，想抓住客人的心——正因为我本着这份信念，不懈努力，才能与众多客人交心。

这绝非一朝一夕就能完成的任务。可你要是不努力，就永远都不可能有进步。

想办法抓住人心，也许是一项十分考验胆魄的挑战。

不过，只要你时刻把对方放在心上，完全进入角色，养成揣摩对方心思的习惯，就一定能说出“打动人心的话”。

越是小恩小惠，越要没齿不忘

用心呵护每一段关系，牢记对方给你的“恩惠”，也是把握人心、构筑人脉的关键。

人绝不会忘记“为别人做的事”，可别人为自己做的事，尤其是不足一提的小事，就会被轻易遗忘。

假设有人请你喝了一杯咖啡，那么掏钱的人就一定会记得“我请 ×× 喝过咖啡”。

当然，人家也不是为了回报才请客的，只是“为别人做出的牺牲”难免会记得比较清楚，再小的牺牲也不例外。

所以我们千万不能忘了这杯咖啡，最好能做个记录。下次见面的时候，就可以说：

“上次你在星巴克请我喝了咖啡，今天我请你吃冰激凌吧！”

这样能体现出你没有忘记对方的付出，而且还有心回报。

大家不妨换位思考一下，应该就能理解其中的玄机了。

如果你送了别人一份礼物，人家却没有任何表示，你肯定会很不高兴，心想：“至少说句谢谢吧……”

要是平时掏钱买咖啡的总是你，日子久了你也会产生疑问：“虽然咖啡不算贵，可凭什么总是我买单呢？”

“付出的人忘不了，享受的人却记不住”——这种现象在我们的生活中随处可见。

正因为如此，如果大家能记住一杯咖啡的恩情，请客的人定会感叹：

“多诚实的人啊！”

换言之，回报有助于提高对方对自己的信任度。

回报不在于金额。在自己力所能及的范围内回报对方就可以了。关键在于用自己的方式表达出“我没有忘记您的付出”。

就算囊中羞涩，也不必犹犹豫豫。“没有任何表示”总归是不好的。送上一瓶酒，甚至是罐装咖啡加面包，效果也不错。

我就给拥有数千亿资产的著名企业家送过老家摘的柿子。

送礼时，我是这么说的：

“这是我老家的柿子，也就这么四个，请您尝尝！”

对方是所谓的“大富豪”。再昂贵的葡萄酒，他也能轻易买到，所以有人买来送他，他也不会特别开心。

时刻惦记着对方，在自己力所能及的范围内回礼——这样的态度，在构筑人脉中格外重要。

第四章

万里挑一的精英都在实践的待客之道

请客人先点饮品

有些饭局能帮助我们签下大合同，构筑起重要的人脉，可谓意义重大；可有些就只是“见个面、喝喝酒、聊两句、吃顿饭”而已，没有产生任何附加价值。双方既然挤出了宝贵的时间，投入了大量成本，那还是想办法“抓住对方的心”，让这顿饭的价值最大化为好。

接下来，我会结合在工作中的经历，深入分析“什么样的待客之道才能抓住人心”。

首先要介绍给大家的是立刻就能在招待客户时实践的原则——“女士优先（Lady First）”。

也许有读者会纳闷：“这我知道啊，不就是男士要负责开门，让女士先进吗？”可我不得不说，这样想的人并没有抓住“女士优先”的精髓，还是一知半解。请大家耐着性子，听我慢慢讲下去。

据说“女士优先”的初衷并不是“让女士先走”，而是“替女士殿后”。

那什么样的行为才符合“女士优先”原则呢？

比如坐电动扶梯的时候，站在前面的应该是男士还是女士呢？

如果电梯是往上走的，就应该请女士先上。但下行电梯的站位正相反。万一电梯出了故障，站在前面的男士就能帮女士挡一挡了。

大家都知道，男女结伴去餐厅用餐时，应该由男士开门，请女士先进。

所以进店之后，也是女士走在前面，男士在后面跟着。高档餐厅会有专人领位。工作人员会拉出“上座”的椅子，请女士先就座，然后再为男士拉出另一把椅子。

接下来就是点饮品的环节了。

假设两人讨论了一番，女士决定点香槟，男士想点啤酒。可服务员过来之后，男士开口就说“给我来杯啤酒”，那就很不像话了。

“给这位女士来一杯香槟，我要啤酒。”——先报出女士要点的饮品，才是符合礼节的做法。

再看“打车离开餐厅”这个环节。

礼仪指南上都写着“出租车的上座在司机的正后方”[1]，所以大家往往会让女士坐这个位置。但我认为，有必要根据实际情况随机应变。

贴心的男士常会对女伴说“我先上去”，主动坐在靠里的位置。如此一来，出租车到达目的地后，他就能让女伴先下车等候，然后顺势把车费付了，从容地收下司机给的小票。

不过下雨天还是让女士先上车为好，不然男士就不能先下车打伞了。

综上所述，“女士优先”并不是死规矩，女士不是要永远走在前面。换句话说，“设身处地为女士着想”，才是“女士优先”原则的精髓。

---

①日本是靠左行驶，驾驶席在右侧。

在招待宾客的时候，我们也需要本着同样的精神，时刻考虑到宾客的感受，做到“宾客优先”。能抓住人心的饭局，必然建立在这种精神的基础上。

大家不妨回忆回忆，你招待客人的时候，是不是先报了自己想喝的，然后才为宾客点单？

一旦养成“宾客优先”的习惯，你一定会说：

“先给这位客人来杯啤酒，然后我要……”

要是宾客喝了很多酒，脸色不太好看，你却死抠礼节，让人家上车的时候往里坐，就称不上“贴心”了。

虽说靠里的座位是出租车的上座，但那个位置上下车并不方便。所以我们可以视情况让宾客坐在更靠近车门的位置。实在要请人家坐上座的话，也可以绕到出租车的另一侧，打开车门，请宾客从那边上车。

只有充分考虑到这些，才算做到了“宾客优先”。

“达人”会提前十五分钟到场

接下来我会为大家介绍一些我在工作中接触到的“招待达人”平时惯用的小诀窍,还有杰出企业家的独门秘技,帮助各位读者实现“抓住人心的款待”。

首先，招待达人有一个共同点，那就是“提前十五分钟到场”。早到是为了亲自确认包间的情况，并与工作人员做些沟通。

有了这十五分钟，就能确保室温和照明灯的亮度万无一失，并确认当天的菜单，和工作人员预先洽谈一番。

“今晚的预算有点紧张……”

“那绍兴酒就选这种吧，如果要点白葡萄酒，就来这款，红葡萄酒的话选那款。”

若能提前把这些事都讨论好，饭局开始之后就轻松了。

东道主会问宾客：“一会儿是喝绍兴酒呢，还是喝葡萄酒？”

宾客回答：“那就绍兴酒吧。”

只要东道主说一句：“那就来瓶上好的绍兴酒！”工作人员就能立刻端出符合预算的酒品了。

除了预算，宾客离开餐厅时要用的车等需求也能提前告知准备，东道主还可以把宾客的性格等背景信息传达给服务员。如此一来，服务员就更容易提供符合宾客口味的服务了。

提前把这些准备工作做好，东道主便能安心用餐，服务员们也能有的放矢了。

人见人爱的著名企业家是这么招待客人的

在我见过的东道主中，某著名企业家L先生堪称“招待达人”之最。来到会场之后，他做的第一件事就是和在场的所有人一一打招呼。宾客自不用说，连东道主公司的其他员工，甚至餐厅的服务员，都一个不漏。

而且他打招呼的时候一定会叫出对方的名字，可见他的记忆力相当了得。

到场的人数再多，员工的年纪再轻，也一定会被他叫到。这样的领导人当然能赢得大家的心了。

我第二次接待他的时候，他一见到我便说：

“萩原啊，最近怎么样？哟，换发型了嘛，是不是碰上什么好事啦？”

L先生就是这么平易近人，一点架子都没有，崇拜他的人多得不得了。

其实当时我的发型并没有太明显的变化。只是他上次来用餐是两个多月前的事情，所以发型多多少少还是有些不同。

也许“换发型”就是L先生用来表现“我很关心你”的杀手锏。听到著名企业家这么跟自己说话,谁都会很高兴。

L先生在“活跃会场气氛”方面也很有一手。

全场社会地位最高的人就是他，可他却非常积极地在和每一个人交谈，没有主宾之别，也不论对方的年纪大小。交谈的时候，他也一定会提及对方的名字。连服务员他都会惦记着，不时来上一句：

“萩原啊，这幅画是谁的作品来着？”

见状，宾客们自是心服口服：

“L先生真是了不起，难怪他这么有人缘……”

L先生在商界的表现十分抢眼，甚至有人说日本经济是他在一手推动。我觉得他的地位与名气，与他在宴席上的表现有着密不可分的关系。

让宾客脱下外套

L 先生还有一个厉害之处，那就是他一定会想办法让宾客把外套脱了。上了一两道菜之后，他会说：

“各位要不要把外套脱了啊？”

说完，他就会带领下属一起脱衣服。见状，宾客们自然就会跟着脱了。

我知道 L 先生有这个习惯，所以会提前安排几个人在一旁等着，这样就能及时把大家的外套挂起来。

有许多继承了“L 主义”的下属活跃在商界各领域。他们也都有请宾客脱外套的习惯。所以我猜测，“脱外套”是 L 式待客法的关键环节，他很可能还会提前跟下属们商量好脱衣服的时间节点。

有趣的是，只要东道主们齐刷刷地脱下外套，宾客们就会跟着脱。

“让宾客脱外套”会带来许多益处。

首先当然是“有助于双方放松心情”，但事情还真没这么简单。

顾客脱下外套后，服务员会把衣服挂在衣架上，以免衣服变皱。而高档西装上往往绣着主人的名字。就算我们没有提前获知宾客的身份，也能通过这个环节猜出“这位客人可能是 ×× 公司的 ×× 社长”！

正如我之前反复强调的，服务员对客人的了解越多，就越能为客人提供恰到好处的服务，所以挂外套也很有用。

而且，既然有“脱外套”的环节，那用餐结束后就一定会有“穿外套”的环节。

“今晚感谢您百忙之中抽空赏光。明天是不是要去打高尔夫呀？”

在顾客们边穿衣服边闲聊的时候，服务员可以让司机把车开到餐厅门口，并把要送给宾客的小礼品准备好。等大家把外套穿好之后，服务员就能立刻把礼品递上，再送宾客上车了。

东道主与主宾该坐哪儿？

介绍商务礼仪的书上都说，饭局的东道主（主陪）与主宾应该面对面坐在长桌的中央。

在 Wakiya 设的饭局几乎都是这个坐法。

不过体育界知名组织的大领导 M 先生当东道主时，都会选择最靠里的位置，然后请主宾坐在自己对面。

也就是说，东道主和主宾是面对面坐在了包间的最深处。

看看 M 先生在饭局上的表现，就知道他为什么要特意选择这个位置了。这样他把身子稍稍侧过来，就随时能看到包间中的所有人了。

这么坐既能看到宾客，又能看到自己的下属，为“和每个人聊两句”创造了条件。而且聊的时候，他还能正视对方的脸。

招待达人都会把到场的所有人放在心上，资历尚浅的年轻人也不例外。我之前介绍过的 L 先生也是如此。受到 M 先生这个级别的大人物的关注，能和他面对面聊上几句，宾客公司的年轻员工肯定也很高兴。

要是东道主和主宾坐在长桌的中间，光顾着和周围的人说话，坐在角落里的年轻人就不敢吭声了，生怕打扰了领导交流，只能闷头猛吃。那他们就等于白来了。

按 M 先生的席位安排，东道主跟主宾能充分交流，坐在包间门口的年轻人也能毫无顾忌地交流。有时候，M 先生甚至会冲着自己的部下笑道：

“喂，你们几个聊得太起劲啦，吵死了！”

这么一说，席间的气氛就更热烈了。

而且坐在包间内侧，就意味着下属们都在 M 先生的视野之中。用餐期间,他也能毫不费力地对下属下达指示。

遵守礼仪与规则，的确有助于让宾客吃得舒心尽兴。

同时 M 先生也非常懂得随机应变。他会在遵守礼仪原则的基础上，开动脑筋思考“怎么安排才是最好的”。

为了将饭局办得更好，有时他甚至不惜打破惯例。他的待客之道，为我树立了非常好的榜样。

从“席位安排”角度看，中餐厅的“圆桌”还是很有优势的。

N先生是我非常尊敬的社长之一。他打扮入时，平易近人，脑子转得特别快。在我们这儿设宴招待客人的时候，他一定选有圆桌的包间。因为N先生是左撇子，如果坐长桌，他就只能坐在最左边的位置，否则用筷子的时候会撞到别人，可那个位置交流起来多有不便。坐圆桌就不存在这个问题了，能和在场的所有人说上话。

圆桌还有一个好处，那就是“不用太在意让谁坐上座”，上下级之分不是特别明显，跟谁说话都不费劲。所以如果大家需要安排一场以“开诚布公”为目的的饭局，人数在十人以下，那么中餐厅的圆桌是个不错的选择。

为什么一对一的饭局要按四个人的标准定位

某上市企业的大领导 O 先生总是按四个人的标准定位，可当天只有他和宾客两个人来。

他会对工作人员说：

“不好意思啊，我们变成两个人了，不要紧吧？”

然后转头对宾客说：

“对不住啊，今天我们只能大眼瞪小眼啦。”

在我看来，这就是 O 先生的独门绝招。

要是宾客一开始就知道这顿饭要跟 O 先生单独吃，那对方可能会非常紧张。

“不好意思啊，只剩我们俩了。不过机会难得，咱们就好好聊聊吧！”

可听到 O 先生这么一说，宾客就会觉得：

“也是哦，机会难得……”

O先生报给我们的人数是四个人，所以我们当然在包间准备了四套餐具。在O先生开口说“今晚变成两个人”之后，服务员会回答：“没问题，我这就传达给厨房。”说完，我们才会把多余的餐具收走。

当然，厨房只会提前准备两人份的食材。

像这样充分体察客人的意图，帮客人把饭局的效果发挥到极致，是服务员的职责之一。

不把自己灌醉，却让对方喝得痛快

酒量不好，却不得不在饭局上陪酒……为“喝酒”这件事备感苦恼的人肯定不在少数。

东道主要是喝得不多，宾客自然不好意思喝，也就没法喝个痛快了。这着实是个叫人头疼的问题。

不过这个问题可以靠“秘技”解决。

在政界和商界都很吃得开的P先生特别会招待客人，而且他的劝酒方式也极为“生猛”。饭局开始后，他会连开好几瓶高档葡萄酒，与宾客碰杯，并强调：

“我们这儿有个规矩，碰杯了就一定要‘干’杯！”

自己喝不说，他还会让属下也跟着喝。喝完之后再劝：

“来来来，社长您也喝呀！”

如此一来，宾客就能毫无顾忌地畅饮美酒了。

P 先生喝了一杯又一杯，可只有前三杯是真酒。三杯一过，服务员就会给他倒上颜色跟白葡萄酒很像的乌龙茶，下属们喝的也都是乌龙茶。为了活跃会场气氛，P 先生甚至会把秘书叫来，给大家表演“一口闷”。

宾客们又怎么会想到，东道主那边的酒壶里装的是无酒精的啤酒味饮料呢?

这么一“炒”，宾客们自是喝个不停，最后个个酩酊大醉。饭局刚开始的时候，气氛可能还有些严肃，但 P 先生手总能轻而易举地卸下宾客们的心理防备。

吃到最后，宾客都会搂着 P 先生的肩膀说：

“下回我做东！”

有时可能是下面这两种情况：

“大家都知道我酒量不好，所以我也没必要逼自己喝，但第一杯我还是想陪大家一起喝的……”

“在场的所有人都举起酒杯了，只有我说‘那我就以茶代酒’，那多扫兴啊……”

如果你也有这样的烦恼，不妨提前请餐厅的工作人员帮忙准备一杯“可以以假乱真的软饮”。

经常在 Wakiya 设饭局的制药公司大领导 Q 先生就是

所谓的“一杯倒”。但他在饭桌上点的第一杯饮品一定是香槟。

服务员会先把瓶装香槟拿给Q先生确认，然后再给其他宾客倒酒。此时会有专人取走Q先生的酒杯，在隐蔽处倒好干姜水后放回桌上。

喝完第一杯“酒”之后，Q先生会说：

“不好意思，我酒量不好。不过社长，您想喝什么尽管点，千万别客气！”

这招偷梁换柱真是绝了，宾客们也能尽兴而归。

话说，“请服务员帮忙换软饮”这招不光能用在工作应酬上。

“今天我没法喝酒，但总得陪朋友来两杯吧……”

我偶尔也会遇到这种情况。这时就需要请服务员动动手脚了。我有很多活跃在商界的朋友也经常用这招。

具体的操作方法很简单。提前到餐厅，对服务员说：

“我们今天干杯的时候应该会点啤酒，到时候能不能偷偷把我的换成无酒精的啊？续杯的时候也请您帮忙换一下好吗？”

其他酒精饮品也是有“替身”的。威士忌可以用干姜水代替，自由古巴[1]可以换成可乐……能“以假乱真”的软饮料还真有不少呢。

如果你酒量不好，或是碰上了“今天不能喝酒，但有应酬不得不喝”的情况，就用“偷梁换柱”给自己解围吧。

① Cuba libre，一种鸡尾酒。

如何劝光顾着说话的客人动筷

“忙着说话，不动筷子”的情况在饭局中十分常见。

见客人聊得起劲，就算美食当前，在场的其他人也不好意思吃。如果是“一人一小份”的套餐，大家都吃完了，只有一位客人没动筷子，那也是很尴尬的，因为服务员很难把握上下一道菜的时机。大家应该也多多少少遭遇过类似的情况吧？

要是没动筷子的是东道主，那还好办，因为客人可以劝道：

“咱们边吃边聊吧！”

可如果东道主这么劝，就可能冒犯客人。

怎么办呢？

某位 Wakiya 的常客有个绝招。

“萩原啊，这是什么菜啊？”

他的办法就是“向服务员提出和菜肴有关的问题”。他这么一问，我就会向大家讲解一下这道菜的特色，最后来一句：

“请大家趁热享用！”

于是东道主就能顺势劝道：

“来来来，大家吃吧！”

这位客人在接待其他宾客的时候，就同一道菜问过同样的问题，所以他肯定是故意的。

我再教大家一招：

在服务员上菜之后感叹：“哇，卖相真好！好诱人啊！”

每每遇到这样的客人，我都会在心中暗暗为之叫好。

听到周围有人说“好诱人啊！”，聊得再投入的人也会把注意力转向菜肴。甚至会有人下意识地附和道：“还真是，让人食指大动啊！”

客人这么一说，服务员就会趁机介绍：

“这道菜是 ××××，都是现做的！”

如此一来，东道主便能顺势劝客人动筷子了：

“来，我们趁热吃吧！”

等客人吃了几口之后，再把话题拉回去即可。

这种方法的优势在于“谁都能用”，无关立场。

菜肴美味诱人，说明东道主选的地方好，也就是“招待客人的水平高”。所以东道主公司的年轻员工发出“哇！好诱人哦！”这样的赞叹，也不会冒犯到宾客。

饭局的成败在于“闲聊”

许多人在饭局上只谈工作，把弦绷得紧紧的，因为他们将客人视作“重要的生意伙伴”。

然而在我看来，只谈工作很难让客人敞开心扉，“在饭桌上完全不谈工作”反而更理想。

为什么呢？因为我接触过的“招待达人”个个都绝口不提工作，最多在饭局快结束时轻描淡写道：

“那个项目，还请您多多关照。我回头让秘书联系您。”

仅此而已。

那我们该在饭桌上选择哪些话题呢？

选择话题的关键，在于充分“进入角色”，广泛搜集关于客人的信息，提前想好“什么样的话题能让气氛热烈，能让对方敞开心扉”。招待宾客前不做“功课”，无异于赤手空拳上战场。

给大家讲一段我的亲身经历吧。

金融界无人不知、无人不晓的著名企业家 R 先生是 Wakiya 的老主顾之一。他特别喜欢足球。虽已年过古稀，还不时踢一场室内足球。

我早就知道他有这方面的爱好，所以他来用餐时，就与他聊起了足球。当时恰逢德国世界杯，我便说：

“咱们打个赌吧，赌日本队能赢几场！”

R 先生也很起劲，说道：

“我看啊，一场都赢不了。”

“不至于吧，赢克罗地亚还是有希望的。我赌日本队能赢一场。”

最后正如 R 先生所料，日本队三战三负，一场都没赢。世界杯落幕后不久，R 先生又来我们餐厅用餐了。一见到我，他便笑道：

“我说什么来着？一场都没赢吧？”

从那次起，R 先生就记住了我，每次来都会跟我聊足球。有一次，我见他走路有点跛，忙问：

“您的脚是怎么回事啊？不碍事吧？”

他拍了拍我的肩膀说：

“踢室内足球的时候不小心扭到啦。这事儿我都不敢跟下属说，否则他们又要教育我喽。”

还有一次，我在闲聊时随口说道：

“R 先生，我前一阵子结婚了。”

听到这话，他立刻说道：

“结婚啦？那改天给你好好庆祝庆祝！”

我能切身感觉到，我们之间的距离在不知不觉中缩短了。

根据我的观察，许多客人往往都把饭局视作“公司与公司之间的交流”。然而，只要你还抱着这样的态度，就很难抓住对方的心。

饭局的确是公司安排的，可坐在你对面的终究是“人”。请大家牢记，我们招待的不是公司，而是眼前的“人”。

越认真踏实的人，就越容易产生这样的想法：

“即便是在饭桌上，生意伙伴也还是生意伙伴，不能没大没小……”

“人际关系是很重要，但关键还是看项目的内容……”

然而通过对商界、政界、演艺界的各种饭局的观察，我发现许多项目的原动力都是“人的情绪”。

项目内容的确很重要，但无论在哪个行业，很多事情都是看“人”的。“看在这个人的面子上，我就答应吧”“是这个人托我办的事，我一定要办好”……如此这般。

所以我认为，饭局的终点不是“把事情谈妥”，而是让客人觉得：

“我愿意跟这个人合作！”

不参与对话的人还不如不去

东道主和主宾常会带上年轻的下属一起赴宴。有些年轻人的表现非常出色，我一看就觉得：

“这个人以后肯定会平步青云。”

但有些人……说句不中听的话，他们会让我觉得：

“来了也是白来。”

后一类人有一个共同点，那就是“不积极参与对话”，只会随声附和，说些不痛不痒的话。他们肯定把饭局看成了“工作”。他们脸上挂着笑容，可我隐约听到他们的心声——“快点结束吧！”

这类年轻人最关注的往往不是宾客，而是坐在身边的上司，就知道看上司的脸色。而且他们倾向于把更多的精力放在分配礼品、安排车辆这种实际业务上。

当然，他们也想踏踏实实把饭局安排好，并没有在工作中敷衍了事。

他们认定，“饭局是工作的一部分，只要把每个环节都安排妥当就可以了”。可我觉得这么想未免有些可惜。因为这是一边用公司的钱享用美食美酒，一边与其他公司构筑人脉的好机会，不好好把握岂不是暴殄天物吗？

这次你也许是陪上司去的，但你以后可能会在工作中直接和对方公司的人打交道。说得再极端点，在饭局中坐在你对面的人，有朝一日也许会成为那家公司的大领导。如果能抓住对方的心，与对方构筑起“人对人”的互信关系，对你日后的事业发展一定大有好处。

那有望“平步青云”的人有什么特征呢？一言以蔽之，他们都会“积极参与对话”。

他们毕竟是在场的人中职位最低的，乱出风头肯定不行。

但他们可以在不喧宾夺主的前提下，提供有助于活跃会场气氛的话题。

而那些擅长调动气氛的年轻人，都很擅长“展示自己蹩脚的一面”。

给大家讲一个我亲眼所见的例子吧。某场饭局对客人非常喜欢打高尔夫。吃着吃着，东道主公司的年轻员工问道：

“我只能打到一百四十分，换根球杆会不会好一点？”

“换球杆管什么用呀。”

“哦……那我该怎么提高成绩啊？”

“你去找根竹竿挥挥就行了。”

“竹竿？”

“嗯，买根两米来长的，有空的时候挥一挥，球技自然会有提高。”

“原来是这样啊……可我住的房子小，不知道地方够不够大……好，难得您教了我这个方法，我就先买根短的试试看吧！”

“别别别，短的没用！”

客人也越聊越起劲了，末了，他竟说道：

“那你下次就跟我一起去打球吧。”

“真的吗？那我一定要多挥挥竹竿，免得拖您的后腿！”

一眨眼的工夫，他们就聊到了要结伴打球的事儿。

再给大家举个例子。在下面这场饭局中，主宾双方都是金融公司。

东道主和主宾都有年轻的下属作陪。起初，客人公司的年轻人滔滔不绝地阐述着自己对市场环境的见解。这样做的确能体现出他对工作的激情和认真的工作态度，无奈这个话题太严肃，无法起到让双方水乳交融的作用。

谁知当话题发展到“伦敦市场”的时候，东道主公司的上司把话题抛给了下属：

“你前一阵子刚去过伦敦吧？”

“啊，是的……”

然后就再也没提过公事，而是讲起了自己在伦敦出的糗，还有在当地结识的姑娘。在座的所有人顿时放松了不少，笑声此起彼伏。

故事到这儿还没完呢。

后来，那位自曝糗事的年轻人跳槽去了某家外资金融机构，火速升入管理层。如今他经常与社长一同来Wakiya，以主陪的身份款待宾客。每次见到他，我就会想起他边笑边爆料的模样。

这两个例子的共同点在于，年轻人没有“装腔作势”，而是想方设法“让客人享受对话”“炒热气氛”。

饭局经验不太丰富的年轻人难免会介意自己的形象。但是请大家注意，你再努力让自己显得高大伟岸，也不一定能给对方留下好印象。稍有差池，甚至会将自己的浅薄暴露在对方面前。

比如点酒水的时候，有些年轻人会临时抱佛脚，死记硬背葡萄酒知识，装模作样地说：

“那我就要黑公鸡（Chianti-Classico）吧……”

如果对方对葡萄酒比较了解，还不如直接请对方点。

“不好意思，葡萄酒这个东西我一点都不懂，要不您来选吧？”

这样一来，人家对你的印象反而会更好。

等酒上桌了，你还能把这个话题再发展下去：

“这就是传说中的 ×× 葡萄酒啊！我可以拍张照片吗？”

听到这样的话，对方肯定会很愿意传授你葡萄酒知识。

也许会有年轻读者产生这样的疑问：

“话是这么说，可我的上司做事特别死板，我不敢在饭桌上聊和工作无关的话题啊……”

饭局的气氛，的确在很大程度上取决于东道主和主宾的性格。下属的举手投足，也会受到上司的影响。

有些东道主公司的上司会在宾客到场之前先给下属们分配任务。时机一到，上司就会给出“暗号”，让下属来调动气氛。

比如，上司可以巧妙地来一句：

“我上次跟这家伙去打高尔夫，他当时真是糗到家啦！”

然后下属就能接下话茬了。

“哎呀，我自己也没想到……”

“上司为人死板”也可以解决。下属可以提前跟上司商量：

“今天需要我在饭局上发挥什么作用？我可以说些活跃气氛的话吗？”

“我可以主动跟 ×× 先生搭话吗？”

知道下属有意把饭局搞得更好，上司肯定会备感欣慰。如果一切顺利，饭局在和谐的气氛中收场，上司兴许还会想：

“这人挺积极的，下次饭局也带他一起去好了。”

饭局不是为“吃喝聊天”服务的，而是抓住人心、构筑人脉、为今后的人生打基础的关键场合。从这个角度想，“和上司提前商量”很值得我们尝试，不是吗？

伴手礼不必昂贵

许多人会带上高档点心或水果赴宴。这当然是因为大家都想把“尽可能好的礼物”送给对方。有时甚至会出现主宾双方交换同一款名牌水果的情况。

“想送尽可能好的礼物”当然是难能可贵的心意。

可每天都有饭局的大忙人能不能在一星期、一个月后记得你送的伴手礼呢？这就很成问题了。

那位让我“好好干”的音乐界大腕 A 女士，就送出过让人印象深刻的伴手礼。

某日，她一下车就递给我一个纸袋，说道：

“上甜点的时候，你帮我把这个端出来。”

顾客提前将糕点、花束之类的东西交给餐厅，让服务员在上甜点时拿出来的情况很常见。

可A女士带来的竟是一瓶用玻璃罐装着的咖啡，我很是不解。在客人们享用甜点的时候，我把咖啡和杯子放在手推车上，走进了包间。

见我把咖啡送来了，A女士便说：

“对了对了，这就是我刚才说的那种很好喝的咖啡。我这就给你们倒。”

说着，她就亲自往咖啡里加了些糖浆，给客人倒了几杯。然后她转向我说道：

“萩原，你一会儿也喝一杯试试。这咖啡啊，是用冷水萃取出来的。整整浸了十三小时呢。其实最好是十六小时，还是差了点火侯……”

客人喝完咖啡后问道：

“真好喝……这是哪家的咖啡啊？”

A女士回答道：

“我在麻布十番的Peacock Store[①]买的。”

宴席结束后，A女士把客人送到餐厅门口。这时，她又从后备箱里拿出三个纸袋，交给客人，说：

“刚才喝的就是这个咖啡。现在回去泡上，明天喝

①关东、中部、近畿地区的连锁超市。

正好！”

这都是三年前的事了，可是直到现在，只要有人跟我提“伴手礼”，我仍会立刻想起那瓶冷萃咖啡。当晚的宾客应该也会一直记得，“A 女士特意花十三个小时为我泡了咖啡”。

这件事让我深切感悟到，能抓住人心的伴手礼不一定是高档昂贵的。关键在于充分考虑到对方的情感与用餐的场合，真心诚意地为对方准备。

当然，只要是为对方特意挑选的，无论礼物是什么，它一定都饱含着你的心意。

有名的、昂贵的礼物的确不容易出错，但我认为有些朴实无华的礼品更能体现送礼人的真心。

“我自己也觉得它很好吃，特别想让您尝尝！”

“这是我老家的特产，我们那儿的人都喜欢吃。前些天回去的时候，正好想起您，就给您带了些，不知道合不合您的口味……”

送礼时配上这样的话，对方肯定能感觉到你的良苦用心：

“原来是为我精心挑选的啊！”

重要的饭局千万别选择没去过的餐厅

如果你经常需要设宴款待宾客，不妨每个菜系各选几家好店，并与店家建立起牢固的互信关系，以备不时之需。

我认识一位特别讲究饭局质量的客人，他有一份备选清单。要用中餐招待客人，就去 Wakiya，要吃寿司、牛排或法餐，就去相应的“老地方”。

因为他光临 Wakiya 的次数很多，所以我们可以根据以往的经验，为他打造“最合他口味”的饭局。

之前说过，为了开阔眼界，我有“到处吃”的习惯。但是需要设宴款待别人的时候，我还是会选择自己比较信任的那几家店。

为什么？因为有了互信关系，很多事就好商量了。

预算吃紧的时候，店家也会帮着想办法。毕竟在店家看来，你是经常光临的老主顾。老主顾的要求，当然是要尽可能满足的。

正如我反复强调的那样，饭局不是为“吃饭”服务的。设饭局的终极目的，是款待宾客，构筑人际关系。

如此想来，把饭局设在自己从没去过的餐厅就很冒险了。每次约到人之后都让秘书重新找地方的话，也很浪费时间。

有心“开发新店”的话，还是私下去尝试为好。真找到了好地方，再把这家店纳入你的“备选清单”。

同一天要招待两拨人，就在同一家店订两个包间

许多人因为工作的关系，每天都忙于应酬。

在我接待过的客人中，也有把饭局排得满满当当，一晚上要赶两场的大忙人（也是我非常尊敬的人之一）。

要是他来到餐厅后说“我今晚还有一场”，我们就会加快上菜的速度（如果六点开席，就在七点前把所有菜都上齐。如此一来，就算吃完之后再喝两杯茶，一个半小时也能搞定），并适当减少东道主那份菜的分量。

我知道这位顾客经常要一晚上招待两拨人，便提议道：

“反正店里有很多包间，要不您把两场都定在我们这儿？”

具体的操作方法很简单：把第一场安排在三楼，吃完送走客人之后，再让东道主上四楼吃第二场。

当然，这对餐厅的工作人员提出了很高的要求。要是被客人看出来，那就大事不妙了。

不过只要“瞒”得好，“在同一家店办两场饭局”对东道主还是很有吸引力的。因为餐厅知道“东道主要吃两顿”，可以灵活调整菜式和菜量。最关键的是，东道主不用赶路，能节省不少体力和时间。

饭局多的人不妨试试看，保证会有效果。

把秘书和司机也招待好，才能事半功倍

有些办事周到的东道主会给自家的司机和客人的司机安排餐食。

这份心意绝不会白费。因为司机会告诉客人：

“今天对方也给我安排了餐食。”

听到这话，宾客多多少少会吃上一惊：

“他们考虑得那么周到啊！”

受到这样的款待，敞开心扉是迟早的事。

除此之外，在领导用餐时“让双方的秘书一起用餐”也是相当巧妙的手法。

两位领导开展合作时，秘书必然会参与其中。若想加深领导之间的友谊，为双方的秘书创造交流的机会，

奠定合作的基础，自然有着巨大的意义。

所以有些大领导会另外多定一间包间，吩咐自家秘书："你跟对方的秘书一起吃吧，想点什么就点什么，随便聊聊，不用顾忌我们。"

秘书们提前熟悉一下，交换下名片，在领导不在场的状态下一起用餐，深入交流一番，以后沟通起来就会顺畅许多。

这个方法简便易行，能有效提高工作效率。

一击必中的待客之道

我见过的饭局也有不少了，但建筑界泰斗 S 先生设的饭局，总能让我佩服得五体投地。

他总是从“彻底调查”入手。秘书在预约包间时，会就这次要招待的客人向我们提出一长串的问题，比如：“这人来过 Wakiya 几次？”“平时会点什么菜？”……当然，他会明确要求我们将服务质量提升到“前所未有的高度”。

“给我上最高档的套餐，预算没有上限。但效果一定要好，否则我再也不来这家店了。”

S 先生平时笑脸盈盈，非常和善，但他对“招待宾客”这件事讲究到了极致，所以这话非常有分量。作为一名服务员，我自然也会高度重视他的饭局，拿出十足的干劲来，心想：“我们一定要为他提供物超所值的服务！”

如果在 Wakiya 点最高级的套餐，配最高档的葡萄酒，那么人均消费一般会达到二十万日元。

肯定会有读者纳闷：

“这也太夸张了吧……他为什么要投入这么大的成本呢？”

在我看来，S 先生之所以舍得在饭局上花钱，是因为他有一份坚定的信念——“我一定要靠这顿饭把大项目谈成！”

为什么会有这种感觉？因为 S 先生从头到尾都和下属们并肩作战，有组织、有计划地推进各项事务。他付出的努力，我都看在眼里。

首先，东道主方面的所有人员（包括 S 先生和其他高管）都会提前共享宾客的所有信息，比如兴趣爱好、爱吃什么菜、爱喝什么酒……然后在这些信息的基础上，一同思考要如何“拿下”宾客。

到了饭局当天，S 先生会一一介绍当天的菜品、酒水和礼品。而且那些介绍都不是死记硬背的，一听就是发自肺腑的真心话。

“这都是 S 先生精心挑选的啊！”

听到这些话，客人就已经大受感动了。

S 先生在用餐期间的发言更是精彩纷呈。不仅如此，还会不停地劝客人喝顶级葡萄酒。

“来来来，干一杯！大家一起喝！”

“社长，今天我们只说真心话！杯子里的酒可别剩下哦！”

喝着喝着，客人就卸下了心理防备。双方明明是饭局当天第一次见面，可回过神来才发现，两个人已经开始勾肩搭背了。

S 先生在细节方面考虑得尤其周到。每位宾客对面都安排了 S 先生的下属。一旦有客人去洗手间，对面的下属就会跟过去，等在洗手间门口。客人出来之后，下属就会立刻递上一条小毛巾，同时说：

“不好意思，我们社长就是这样……”

这恐怕也是 S 先生提前安排好的。有趣的是，这样站在会场外聊上几句，双方的心理距离立刻拉近了。

而客人一回到会场，S 先生就会说：

“来来来，咱们干一杯！”

在 S 先生的精心安排下，客人们个个都能喝个痛快。

我个人觉得，如果受到这般款待的是我，那么无论 S 先生委托我做什么工作，我都不好意思拒绝。因为会产生这样的念头：

“我一定要报答他……”

高水平的款待，的确能孕育出超越“生意关系”的感情。

饭局结束后，东道主方面的所有人员都会去餐厅门口送客。然后大家会回到包间开会，总结今天这顿饭吃得如何，并制订下一步计划。

而且 S 先生会为每一位下属准备伴手礼，让他们带回家。难怪下属们愿意跟他齐心协力把客人招待好。

听到“人均二十万的饭局”，大家往往会把注意力放在那个惊人的数字上。但 S 先生的厉害之处，其实在于他的“待客观”。

所有人朝着同一个目标迈进。

确保每个细节万无一失，用心烘托会场的气氛。

深入客人的内心深处，牢牢抓住对方的心，构筑起稳固的人际关系。

“真正的款待需要的元素”都在这里。预算并不是全部。

一切始于订座电话

在本章的最后，我想为大家介绍几个和预约餐厅、安排出租车有关的小诀窍。接下来的内容可能会有比较强的技巧性，不过这些技巧有助于“让餐厅成为自己的队友”“让客人过得更舒心”。做到心中有数，总归比一无所知好。

先看“打电话订座”这个环节吧。

电话接通之后，先说一句：“不好意思打扰了，我想预订餐位……”

听到“不好意思打扰了”，餐厅员工可能会起戒心：“不会是推销的吧？”可是听到后半句，员工一定会感觉到：“好贴心的客人，会考虑我们接电话的人是不是方便！”

订座时必须要明确的是“时间”“人数”“名字”与“联

系方式”。所以我们最好主动把这些信息提供给工作人员。

“请问您要定哪天的位子？”

“× 月 × 日 × 点，共 × 个人。”

“请稍等…… × 点 × 位对吧？没问题，感谢您的预约。”

“我叫 × ×。”

“× × 先生，好的。”

“联系电话是 123-456-7890。”

按这个流程完成预约后，工作人员就会认定：“这位客人经验丰富，平时肯定经常订座！”

最后，我希望大家再加一句：

“我很期待当天的饭局，麻烦您了。”

许多人可能会说：“这个饭局很重要，麻烦您一定要安排好。”但强调自己对这顿饭的期待，更能激发出餐厅工作人员的干劲。

这一系列技巧的中心思想是，牢记“我不是在给餐厅打电话，而是在跟电话那头的‘人’说话”，充分考虑到对方的感受。

餐厅的工作人员也是人，也有情绪。谨慎选择措辞，让人家高高兴兴、干劲十足地为你服务，不是皆大欢喜吗？

让餐厅产生“我们要高度重视这位顾客”的想法，把工作人员变成自己的队友——这正是成功饭局的第一步。

我建议大家在订座时顺便把客人的情况告知餐厅。

大多数人不会在订座时提及客人的身份，因为他们怕“走漏了风声”。不过请大家放心，公司选中设宴招待贵宾的一流餐厅是绝不会泄密的。

而且我始终认为，“提前告知宾客信息”带来的益处远大于风险。

大家心目中的“招待达人”，一般都会提前把宾客的信息给到我们。

如此一来，服务员们心里就有底了。迎宾时，一看到客人别在胸口的公司名牌，就知道对方要参加的是哪一场饭局，立刻迎上去说道：恭候您多时了。”每个环节都能进行得更顺畅，客人自然也会满意。

另外，有了客人的信息，餐厅就能根据实际情况调整服务内容了。

有一次，某公司在 Wakiya 设饭局款待电视台的领导。东道主不仅提前把“客人来自哪家电视台”告诉了我们，还要求我们准备一个生日蛋糕，因为用餐当天是一个宾客的生日。

于是我们就设计了一个小惊喜：把蛋糕推出来的时候，餐厅的工作人员用钢琴演奏了那家电视台王牌节目的主题旋律。不知道的人还以为是东道主精心安排的，所以宾主双方都非常满意。

就算不是应酬，我们也可以在打电话订座时提前告知餐厅“我会和谁一起去”。

“我会和太太一起去。”

“另一位是我的男性朋友。”

“另一位是和我在工作上有合作的女士。”

只要补充这样一句话就足够了。如此一来，餐厅就能根据实际情况，为你安排最合适的座位，比如：“两位客人都是男士，就不要安排L形的沙发座了，选面对面的座位比较好”“女士怕冷，就安排在离空调口远一些的座位吧”……

再看“安排出租车”的环节。首先，请大家提前问一问客人的秘书，看看是否有必要安排车辆。

如有必要，最好在饭局开始前就跟餐厅工作人员打好招呼。

“请提前约三辆出租车，上甜点的时候让司机过来等候。车到齐了，麻烦您跟我示意一下。”

只要这样吩咐就行了。如果要使用代金券支付车费，就把它提前交给工作人员。

第五章

对自己的投资绝不会白费

奋斗期的经验最重要

我之所以对“服务员”这份工作倾注这么大的激情，之所以执着于“抓住人心”，归根结底还是因为舅舅胁屋的言传身教。

所以在本书的最后一章，我想将其中的若干经验贡献出来，与各位读者分享。我坚信这些教诲一定能为大家带来启迪，帮助大家“抓住人心”。

先介绍一下胁屋刚入行时的辛酸史吧。这些事他平时也翻来覆去地跟我们说。

胁屋是十五岁那年入行的。头三年，他每天只干一件事——刷锅。每天的工作时间长达十六小时。这让他的双手通红，伤痕累累，还长满了老茧。

在中餐厅的厨房，每位主厨面前都会堆上几十个炒锅。做完一道菜后，把用过的炒锅丢到一边，再拿一个干净的来炒……周而复始。所以让学徒负责刷锅是理所当然的事情。而且主厨的灶头旁边一定会有专用的“刷锅池”，跟洗碗的地方是分开的。

“学徒是得干些脏活累活，可整整三年只刷锅，未免太浪费时间了吧？”

看到这儿，肯定会有不少读者发出这样的感叹。说句题外话，曾有名人在公开场合说道：“熬几十年才能升任寿司师傅的制度太荒唐了。这年头，好的寿司馆绝不会让员工把时间浪费在这种无意义的苦练上。”许多有识之士都表示赞同。我自己也觉得这位名人的发言的确有几分道理。

然而，这乍看之下无异于“浪费时间”的修行真的毫无价值吗？

实不相瞒，胁屋反复跟我们强调，“奋斗期”积累的经验，对他的职业生涯产生了极其重大的影响。

入行头三年，他的确只能替主厨们刷锅。但他逐渐掌握了一门绝活——“一听到用大勺敲锅的声音，不用抬眼看，就知道主厨在做青椒肉丝还是麻婆豆腐了”。于是他头都不用抬，就能迅速拿出和菜肴对应的盘子。

当然，在“奋斗期”坚持观察的成果不仅于此。胁屋说，他在不知不觉中发现，自己能够“俯瞰”厨房每个人的一举一动了。

当他自立门户，成为一店之主的时候，正是这招独门绝技让他抓住了顾客的心。

为什么寿司学徒要先“煮十年米饭”？在我看来，这十年应该就是用来提升“读心术”的。

如果一个人没有这十年的积累，捏制寿司的技巧倒是掌握得很好，那他开的寿司馆能取得成功吗？恐怕很难。

胁屋经常教导我们：

“一年三百六十五天，天天做炒饭的人，技术肯定会提升得很快，说不定能做出比厨师长更美味的炒饭。可是你让他去开店，这家店能火起来吗？不可能。因为他抓不住员工和客人的心。”

服务员也一样。如果没有前十年的积累，直接让我去接待贵宾，八成只能说些不痛不痒的话，绝不可能提供“抓住人心的服务”。

只有流于皮毛的技巧，却没有刻苦训练夯实的基础，就不可能打造出长久受人尊敬的餐厅——在我看来，这个道理也适用于商界。

如何成为“被大家需要的人”

大学毕业后，我就成了 Wakiya 的实习服务员。刚开始工作的时候，我连“上菜”的资格都没有。我的任务是把菜肴端到包间门口。上菜会由老资格的服务员负责。我甚至进不了包间，只有收盘子的份儿。

前辈们下班之后，我还得独自把包间收拾干净。宴会一般要半夜才结束，而我要做的就是整理房间、清洗餐具、扔垃圾、打扫卫生……干完这些才能回家。

可是到了第二天，我必须比前辈们更早来到餐厅，把周围的街道清扫干净。Wakiya 的习惯是清扫店门所在的整条路，直到街角。要是在和餐厅隔着四家店铺的地方发现了烟蒂，我也会挨训。起初我很不理解为什么要打扫到这个地步。前辈告诉我：

"谁都不知道客人会从哪个方向过来呀。要是客人走到半路，看到地上有个垃圾袋，就算那个垃圾袋不是我们扔出来的，人家也会不舒服，不是吗？"

我觉得前辈说得很有道理，就再也没有抱怨过。

那段时间我干的都是杂活，难免会有后悔："早知如此，就该进普通公司的……"这也是因为我当时还没能理解"日常杂务"的价值。

二十五岁之前，我给自己定下的目标是"一整天不挨训"。现在想来，这个目标真是幼稚得可以，可我当时真的天天都挨训，一天还不止一次。

不过这个目标的确改变了我。

"每个人有不同的行事风格，不知道该听谁的"——平时需要和很多前辈打交道的人肯定会有这样的烦恼吧。任何职场都有可能出现这种情况，毕竟每个人的性格都不一样。

"A 前辈跟 B 前辈的做法完全不一样，我到底该听谁的！"这种情况的确让人头疼。不过我给自己定了个规矩，那就是跟 A 前辈的时候，就按 A 前辈的方法来。跟 B 前辈的时候，就按 B 前辈的风格走。如此一来，无论与哪一位前辈共事，我都不会挨骂了。久而久之，我就成了一只“变色龙”，连走路的快慢节奏都会根据当天带我的前辈调整。

我就这样坚持了整整三年。二十五岁时，终于迎来了第一个“没挨训”的日子。下班后，我流着眼泪，攥紧拳头暗下决心，那模样至今历历在目。

有趣的是，从那天起，我就再也没挨过训。

因为我会开动脑筋，调整自己的工作风格，迎合前辈的口味，让前辈做得更顺手。久而久之，就能迅速体察到“这个人希望我做什么”，有时甚至能提前准备好。

做到这个份儿上，前辈们自然不需要批评我了。不仅如此，在选搭档的时候，他们还会争着要我。

可能有许多读者觉得：

“每个前辈、每个上司的说法都不一样，好烦啊！”

“我到底该听谁的啊！简直莫名其妙……”

明明都在同一家公司工作，办事风格却千差万别。大家会有“莫名其妙”的感觉也在所难免。然而，上司和前辈也是人。不同的人有不同的关注点和发怒点，不是理所当然的吗？

在招待客人的时候，我们肯定不会抱怨：

“每个人喜欢的东西都不一样，好烦啊！”

同理，只要用心钻研“怎么做才能让眼前的人高兴、满意”，时刻为对方竭尽全力，根据对方的风格调整自己的行为，你就不会再为“不知道该听谁的”发愁了。

一旦掌握了揣摩人心、根据其需求随机应变的本领，你就离“能抓住人心的人”更近一步了。

如今我切身体会到，那段每天挨训的实习岁月，才是难能可贵的财富。

爬楼梯的主厨给我的启示

Wakiya 的总店“一笑美茶楼”位于东京港区的赤坂。这家店的厨房在地下。我们会用传菜电梯把菜肴送到二楼和三楼，但一楼的菜就只能靠服务员爬楼梯了。

反复上下楼当然吃力。忙的时候，胁屋自己一晚上也要来回跑个几十趟。这一点让我分外钦佩。

除了服务员，其他工作人员也会帮忙传菜。问题是，顾客特别多的时候，在胁屋做好菜的那一瞬间，很可能没人有空。遇到这种情况，胁屋总会端着刚出锅的菜，冲上楼，把盘子交给一楼的服务员，再一声不吭地冲回地下的厨房。

胁屋早就是公认的“名厨”了，又是餐厅的老板。就算他站在厨房手挥目送、指点江山，也没人会觉得不妥。

而且当时他都快六十岁了。一把年纪的人，还端着盘子跑楼梯？一定会有读者惊呼：

“天啊，那经常上电视的名厨，还要自己爬楼梯传菜啊？”

可是在胁屋看来，这么做理所当然，没什么大不了。

为什么？很简单，因为他脑子里的判断标准都是“能否让顾客高兴”。他只在乎能不能让顾客满意而归，一心只想让顾客能吃上热气腾腾的菜肴而已。

所以他才会奋不顾身地冲上楼去。

“你眼前有一份刚出锅的菜肴。你想早点让顾客吃到这道菜。可服务员忙不过来了，怎么办？自个儿送上去呗？”

他真是这么想的。

我比较了解胁屋。在我看来，能按这样“简单明了的判断标准”行事的人，天底下恐怕都没几个吧？

而且我觉得，正因为他坚持贯彻这项标准，Wakiya才会有今天的繁荣景象。

要是他把这项标准抛之脑后，恐怕就会把责任推卸给别人了。

“为什么没人传菜啊！快来个人啊！”

推卸责任可以和“没有把心思放在顾客身上”划等号。这样的光景随处可见。

不把事情想得太复杂，只关注“能否让顾客满意”——这点说起来容易，做起来难。

胁屋仍会日复一日地爬楼梯。而且我坚信，只要他还在坚持这种态度，只要我们员工还在传承这种精神，Wakiya就依然是一家“以顾客满意为重”的好企业，会受到客人的长久爱戴。

“三十岁前别存钱”

之前的章节提到过，我会提前预约名店座位，把休息日的午餐和晚餐时间填满。花在这方面的钱都是我自己掏的，没人给我报销。

只要是有助于提升自己的事，我就会下血本投资，所以在三十岁之前，我几乎没存下什么钱。

可能会有读者替我担心：“没存款怎么过日子啊？”实不相瞒，这也是胁屋的教诲。

“三十岁之前别存钱！就算结了婚，也得做到一周六天不在家！”

大家是不是被吓坏啦？

但这都是胁屋根据自己的人生经验总结的哲理。

胁屋这么解释：

“留下温饱的钱就够了，剩下的全部花光。在二三十岁的时候存下一百万、五百万又有什么用？唯一的作用，就是让自己安心。还不如趁现在抓紧时间，投资在自己身上。请下属吃饭也好，自己出去学习也行。久而久之，你就会变成一个能在短时间内把这些钱赚回来的人。”

从这番话里看得出来，胁屋提倡的并不是铺张浪费。

作为一名服务员，采购上好的行头，去高档餐厅用餐，就是一种投资。这样的投资，必然能帮助我们成为更优秀的服务员。换言之，这些投资总有一天会有回报的，“尽管用，准没错”——这就是胁屋的逻辑。

如今，大家往往都倾向于“早做打算，有计划地存钱”。相较之下，胁屋的理论的确不太寻常。

但这套理论是胁屋根据自己的经验总结出来的。年轻时，他也吃过不少苦。可是突然有一天，“投资开始有回报了”。如今，他在赤坂和横滨拥有了四家餐厅。

成功是怎么来的，没人比他更清楚。所以他才会反复向我们强调，“多花钱，别存钱”。

“一周六天不着家”这一条跟“多花钱”其实是一回事，说白了就是：

“年轻时要多在自己身上投资，多出去见人，别老想着回家。到了三十五到四十岁，能赚大钱撑起一个家的才是好老公。”

我在胁屋身边耳濡目染，自然也继承了这种精神。

如今，我已经成了Wakiya的总经理，统管公司旗下的四家餐厅。除了当好一名服务员，餐厅工作人员、成本等方面的统筹和管理也都由我负责。

另外，我每年都去国外出差几次，参加各类活动。

我觉得自己的工作强度应该比一般人要大。如果我骄傲自满，恐怕就不会坚持利用休息日去其他餐馆考察学习，进行自我投资了。

我谨遵胁屋的教诲，为了不让自己安于现状，时刻提醒自己：“今年要比去年好，明年要比今年好。”要超过去年，付出和去年一样多的努力显然是不够的。

既然是这样，就不能用“工作忙碌”敷衍了事了。

多去名店积累经验，休息日多出门见人。至于下馆子、交际的费用，就通过努力工作自己赚出来。这样能有效防止自己沦为埋头于日常工作的“井底之蛙”。

再不入流的上司也要全力支持

胁屋还有一句极具个人风格的名言："肩膀再疼，也得把神轿抬起来。"

这句话的意思是，"就算你的上司一无是处，也绝不能说他的坏话，应该给足面子"。

而且胁屋认为，这一条不存在"例外情况"。即便上司在工作中偷懒，下属也应该全力支持。

为什么？原因有很多。胁屋时常教育我们：

"假设你是二把手，想方设法把老板拉下马，取而代之，那下一次就轮到下属对付你了。反之，老板再不像话，你这个二把手依然拼命为之说话，给足面子，那么当你成为一把手的时候，你的下属也一定会尽全力帮你。"

换言之，能抓住上司的心，就能获得下属的心。抓不住上司的心，下属的心肯定也没指望抓住了。

这句话可以按字面意思理解，但我总觉得胁屋另有深意。

假设某个上司真的很无能，假如下属有心协助上司，就一定会在发牢骚之前思考“怎样才能帮上司的忙”。

被下属拥护着，上司怎么可能会不高兴？双方的关系一定能向好的方向发展。

另外，如此明确的方针也有助于形成开明的组织文化，加强团队协作。

在大家的公司，发牢骚、背后说坏话（尤其是下属说上司的坏话）可能是家常便饭。问题是，只要团队里有一个人这么做，整支队伍的气氛就会瞬间变差。

然而，“怨气与不满”的确很难迅速根除。

那 Wakiya 是如何解决这个问题的呢？我们的方针是，塑造出“有怨气也绝不说出口”的大环境。

即使有人向我反映，我也绝不会听。要是发现基层的年轻人在抱怨经理，我就会建议他们在发牢骚之前先想办法主动改善现状：

“你是经理的下属，支持经理是你的职责。他可能有这样那样的问题，那你完全可以 ×××× 啊。”

随口安慰“你也不容易”的确简单得多。有时候，我们真想说上一句：“我懂，我真的懂。”而且人都喜欢听好话，如果有员工对我说：

“我真受不了 ×× 经理，还是跟着您舒服。”

我心里难免也会有点小高兴。

可是因此骄傲自满，不过是自欺欺人而已，这绝不是一位称职的领导应有的行为。作为领导，我们还是应该明确指出“你这么想是不对的”，要通过得当的建议帮助下属改变现状。

这样的组织管理策略非常有效。

不说别人的坏话，也不听别人说。相互支持，相互帮助——积极向上的团队氛围一旦成型，消极思维就没有了立足之地。

团队成员的思维会自然地向外发散，朝着更积极的方向发展。换言之，大家会把注意力放在客人身上。只有这样，才能打造出“一心向着顾客”的团队。

“即便身处撒哈拉沙漠中央，也要向客人提供同样的菜肴与服务”

Wakiya 提供面向贵宾的外烩服务[①]，也会积极参加世界各地餐厅举办的各种活动。

活动的形式多种多样。比如我们会去香港的米其林餐厅，让那边的厨师和胁屋各做三道菜，组合出一桌宴席。“铁厨”是很有号召力的，所以能请到胁屋，相当于为自家餐厅做宣传。

有时我们也会为志愿者活动提供餐食。新加坡、洛杉矶、夏威夷、以色列、曼谷、伦敦、米兰……世界各地都留下了 Wakiya 的脚印。

我经常陪同胁屋参加此类活动。胁屋不会因为出了

① catering service，厨师上门烹饪，食材也由服务供应商负责。

国就降低标准。无论是菜品还是服务，都不能逊色于日本的 Wakiya。经验还不太丰富的时候，他的高标准严要求让我叫苦不迭。他在 Wakiya 也时常教育我们："无论是在亚马逊河的木筏上，还是在撒哈拉沙漠，都要摆正桌子，为客人呈上和店里一样质量的菜品。"

但各位读者应该也能想象出，要达到这个目标绝非易事。我负责服务这部分，这就意味着参加香港餐厅的活动时，我要指挥香港本地的员工，确保他们的服务水平和日本 Wakiya 持平。文化不同，语言不通……面对初次见面的外国服务员，起初我真不知道该怎么办才好。

不过尝试过一次之后，我就发现了一件事——日本的服务团队由个性不同的服务员组成，香港的服务团队也一样。所以我会把日本团队成员的名字安在他们身上，就当给他们取外号了。

比如，日本的团队里有一个"办事踏实，但笨手笨脚的小 T"。在香港团队里发现类似的人物时，我就会把这个人当成"小 T"，按小 T 的标准为其分配工作。说白了就是看清本地员工的性格特征，把他们安排在最合适的岗位。

找到这个诀窍之后,我终于有了自信。无论身在何处,我都能实现和日本 Wakiya 同等水平的服务。

这件事也让我感觉到,无论在哪个国家,无论在哪家公司,都有类似“小 T”的人物。

干活拼命却不得要领的员工、心眼有点坏的前辈、工作能力差的上司、整天偷懒发牢骚的同事……同类型的人到处都是。所以“讨厌工作”或“无法完成工作”的原因并不是旁人,问题永远都出在你自己身上。如果我说:

“不可能在外国餐厅实现和日本同样水平的服务。”

那也不是当地员工的问题,而是我的问题。

在外国接待贵宾,克服困难的经验,也大大提升了我的服务能力。

无论置身于怎样的局面,都决不妥协,对员工高标准严要求——胁屋的工作态度,无时无刻不在鞭策着我,也鞭策着 Wakiya 的每一位员工。

后记

感谢大家耐着性子看到最后。

首先，我想借此机会向所有关照过我的客人致以最诚挚的谢意。

我在本书中介绍了许多顾客的趣闻轶事。从这一点也能看出，顾客们给了我许多启迪与鞭策，在很多方面给予了我严格的教导。

其次，还要感谢我的舅舅，也就是Wakiya的社长兼主厨胁屋友词。

小时候，胁屋在我眼里就是“会给我很多压岁钱的帅舅舅”。

随着年龄增长，我逐渐感受到，他的“帅”建立在他的“胁屋主义”基础上。于是我便下定决心，以后一定要去 Wakiya 工作。

其实念完大学后，我是可以入职大公司、当一名普通工薪族的，当时也不是完全没有考虑过。我也很清楚，选择了餐厅，就意味着要经历一段痛苦的“奋斗期”。但我最后还是选择了这条路，这也是因为胁屋白手起家、打造出中餐名店的人生哲学深深感染了我。

话虽如此，我刚入行时并没有当一辈子服务员的决心，也犯过许许多多的错误。但胁屋没有轻易放弃我。他对我的教导比谁都严格，我对此也特别感激。我之所以能有今天，之所以能将一腔热血倾注在“服务员”这份工作上，多亏了胁屋的细心指导。

所以我想利用这个难得的机会，向他表达我的谢意。

在之前的章节中也说过，我在三十岁那年给自己定了一个目标，要“在三十五岁之前成为全日本人脉最广的服务员”。

如今，我的确与众多客人构筑起了互信关系，实现了三十岁那年勾勒的蓝图，迎来了人脉开花结果的春天。

眼看着当年的目标逐渐成形，我不禁问自己，下一步该往哪儿走？结论是，“找到‘提升服务员地位’的突破口”。

不得不说，“服务员”在日本的地位还很低。但在纽约工作的顶级服务员就是不折不扣的高薪人群，可见在欧美发达国家，人们认为服务员能为顾客提供极高的价值。

服务员这份工作的本质，其实就是“读懂人心，抓住人心”。我坚信，只要能做到这两点，服务员就能创造出非常高的价值。款待宾客，本就是日本文化的美德。培养出更多“高产”的服务员，也会让日本服务业受益无穷。

所以我认为，“服务员追求更高水平的服务”与“创造高水平服务员能得到更高评价的社会”会成为日本社会今后的发展趋势。

要实现这两个目标，我们该从哪里入手呢？我自己也在摸索。好在胁屋非常理解我的想法，愿意与我一同尝试。Wakiya 株式会社主办的学习班（面向年轻商务人士与大学生）与人事交流会已在二〇一六年正式起航。

此举的目的并不是通过学习班营利。

一个服务员通过自己在工作中积累的人脉能实现怎样的企划？一个人以服务员的身份能向社会发出怎样的信号——我想利用这个机会，探索其中的可能性。

我还有很多做得不好的地方，在这里说太多大话未免不妥。但我希望自己能够成为服务员的榜样，向大家展示“把服务员这个岗位做好，就会有一条全新的道路出现在你面前”。

同时我也希望，这能成为“提升服务员地位”的第一步。

我也知道这是一项十分艰巨的挑战，但今后也会不懈努力，奋勇拼搏。

最后，衷心感谢以久保寺经理、火物经理为首的服务团队顶梁柱，以及由小泽主厨、带津主厨、冲仓主厨、山田主厨、平贺主厨领衔的后厨团队，还有 Wakiya 的每一位员工和伙伴。当然还少不了我最爱的妻子与家人，你们是我最坚实的后盾。

还有幻冬舍的见城彻社长。他对 Wakiya 多有关照，也坚定了我在服务业打拼下去的决心。本书得以问世，也离不开见城先生提供的宝贵机会。谨借此机会，向见城社长致以最衷心的感谢。

著作权合同登记号　图字：30—2018—074

图书在版编目（CIP）数据

从服务员开始，开挂人生 /（日）萩原清澄著；曹逸冰译．-- 海口：南海出版公司，2019.3
ISBN 978-7-5442-8840-8

Ⅰ．①从… Ⅱ．①萩… ②曹… Ⅲ．①餐馆－商业服务－经验 Ⅳ．①F719.3

中国版本图书馆 CIP 数据核字（2019）第 019632 号

从服务员开始，开挂人生
〔日〕萩原清澄 著
曹逸冰 译

出　　版　南海出版公司　(0898)66568511
　　　　　海口市海秀中路 51 号星华大厦五楼　邮编 570206
发　　行　新经典发行有限公司
　　　　　电话 (010)68423599　邮箱 editor@readinglife.com
经　　销　新华书店

责任编辑　黄宁群
特邀编辑　李佳婕　许文婷
装帧设计　朱　琳
内文制作　田晓波

印　　刷　北京天宇万达印刷有限公司
开　　本　850 毫米 ×1168 毫米　1/32
印　　张　6
字　　数　80 千
版　　次　2019 年 3 月第 1 版
印　　次　2019 年 3 月第 1 次印刷
书　　号　ISBN 978-7-5442-8840-8
定　　价　39.80 元